JN116745

企業簿記論

中島真澄・髙橋円香・柴野宏行 [著]

創 成 社

はしがき｜PREFACE

「簿記会計は，ビジネスの言語」（"Accounting is the language of business."）というのは，Warren Buffett が 2015 年に述べた言葉である。これは，「簿記会計は，国によって勘定科目名は異なるが，財務諸表は世界中どこでも相対的に同じことを意味していること，また，簿記会計は，ビジネスにおいて時系列で発生したことを表している」（Buffett 2015）ことを意味している。

簿記会計は，ビジネスの実態を表しているものであり，ビジネスに特有の独特の言語体系を有するものである。したがって，ビジネス社会で生きる人は，その用語だけではなく，用語の背後にある簿記会計の手続きや仕組みを理解しなければ，ビジネス社会で経済活動を営むことができないのである。また，簿記会計手続きの集大成ともいえる財務諸表を読むことができなければ，企業の真の姿をとらえることができないのである。

米国のビジネス世界でトップキャリアに位置づけられているのは，簿記会計という学問領域である。ナイキ社（Nike）創業者，ホームデポ社（Home Depot）の共同創業者の学部の学位は簿記会計である。なぜ，彼らは，簿記会計を専門領域として選択したのだろうか。それは，簿記会計は，一般事業会社だけではなく，政府・非営利組織などの領域において多くの仕事を提供し，簿記会計が生み出すキャリア展開には無限の可能性があるからといわれている（Weygrandt et al. 2013, 4）。

さあ，ビジネス社会という大海原へ乗り出すために，世界共通語ともいえる簿記会計の仕組みを修得しよう。本書は，大学等で初めて簿記を学ぼうとする方のために書かれたものである。本書は図表や事例を入れてわかりやすい教科書にすることを心掛けて執筆した。また，日本だけではなく，世界における簿記会計教育を意識し，米国の簿記会計テキストに示されている内容も加えている点が特徴である。

現代の会計実務では，コンピュータによる業務がほとんどであるが，財務諸表作成者も利用者も財務諸表の作成プロセスを手作業で体験することによって，その理解を確実なものとすることができるのである。本書は簿記の入門書であるが，その内容は，日本商工会議所の簿記検定試験 3 級の出題範囲を網羅しており，本書で学修すれば，3 級程度の試験に十分合格できる水準となる。本書によって，簿記の基礎を丁寧に理解し，日商簿記検定3 級試験に合格し，さらに上級の検定試験や会計学の勉強に進まれることを願うものである。

本書は日商簿記検定3 級試験の新出題範囲（2022 年 4 月 1 日施行の出題区分表）に準拠している。改訂版からの変更点としては，分記法をすべて三分法に修正している。本書は，

2部構成となっており，第1編第1章から第8章（中島担当）で，簿記の基礎原理として，複式簿記の計算構造と基本的な簿記手続きを十分に理解する。つぎに，第2編第9章から13章（柴野担当），14章から18章（髙橋担当）で主要科目の取引と記帳を学修する。なお，練習問題の解答は，（株）創成社のホームページからダウンロードできる。

http://www.books-sosei.com

　本書は，故金井繁雅先生のご遺志を継いで上梓したものである。金井先生は2021年6月24日にご逝去された。文京学院大学に金井先生の後任として入職した中島が恐れ多くも金井先生が執筆された章を担当させていただいた。2020年2月に金井先生から「先生に文京会計学を引き渡すことができ，誠に嬉しい」というお言葉を大変身の引き締まる思いで拝授した。霊前に本書上梓を報告し，ご冥福をお祈りしたい。

　最後に，株式会社創成社出版部の西田徹部長には，校正の段階から辛抱強く対応していただき，非常にお世話になった。心より感謝申し上げる次第である。

2023年1月15日　本郷にて

中島真澄
髙橋円香
柴野宏行

目　次｜CONTENTS

はしがき

第1編

簿記の基礎原理

第1章　簿記の意義

1．簿記の意義

　会計とは，ある組織の経済的事象を認識，測定，記録し，利害関係者に対して伝達する包括的なプロセスのことである。簿記とは，経済活動を営む経済主体（家庭，企業，政府）の財産の増減変化を記録，計算し，その結果を整理し，経済主体の経済活動の結果を明らかにするスキルのことである。

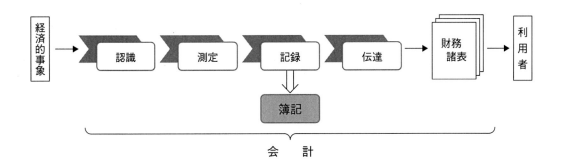

　簿記の語源は，英語の book-keeping に由来している。book は帳簿で keeping は記入を意味していることから，簿記という用語は帳簿記入の略称であると考えられる。しかし，帳簿に記入することが，常に簿記であるとは限らない。ここでいう簿記であるためには，記録の対象が家計や企業等の経済主体の経済活動であり，それに伴う金銭，債権，物品等の財産の変動の記録でなければならない。また，それが経済活動の記録であっても一時的で断片的な記録では簿記とはいえない。簿記であるためには，記録の方法が一定の原理に基づき，秩序的かつ継続的に貨幣額によって記録・計算・整理され，財産変動の原因と結果を明らかにするものでなければならない。

　簿記の本来の職能は，経済主体の経済活動に関する歴史的記録を作成することにあり，これによって人間の不確実な記憶にかえて，記録という確実な証拠に裏付けられた管理が可能となる。商店や企業等のような経済主体にあっては，合理的かつ能率的な経済活動を営むためには，このような働きを有する簿記は不可欠な存在であるといえる。

2．簿記の目的

　簿記会計の目的は，まず第1に，日々の経済活動に伴って変動する金銭および財産の金額を一定の仕組みに依拠して記録することによって財産の管理に役立てること，第2に，経営者，投資者，債権者，従業員，規制当局などの企業を取り巻く利害関係者の資源提供に関する意思決定に役立つ会計情報，すなわち，企業の一定時点における**財政状態**（financial positions）および一定期間における**経営成績**（results of operations, business performance）を伝達することである。一定時点における企業の資産，負債，純資産の有高を計算表示し，企業の財政状態を明らかにすることは，貸借対照表を作成することにより明らかになる。また，一定期間における企業の損益を計算し，企業の経営成績を明らかにすることは，損益計算書を作成することにより明らかになる。

3．利用者および利用目的

　伝達される会計情報の利用者には，内部利用者および外部利用者がいる。**内部利用者**（internal users）は，経営者，管理者であり，**外部利用者**（external users）には，**投資者・株主，金融機関**などの**債権者**，税務当局，規制当局，得意先，仕入先などがある。経営者は，経営計画の立案，実行や経営管理活動の監視および統制，投資者・株主は，投資収益の予測や投資に関して将来キャッシュ・フローの金額，時期，および不確実性を評価すること，金融機関などの債権者は，貸付業務の適切な遂行や回収の見込みや債務返済リスクを評価すること，従業員は，退職および将来の職務について計画すること，税務当局は課税の公平性や効率化を評価すること，規制当局は，会計情報が基準や規制に準拠しているかどうか査定すること，得意先，仕入先は，売上債権，仕入債務の回収可能性を評価することが，それぞれ利用目的となっている（Weygrant et al. 2013, 5-6）。

4．簿記会計が行われるための基礎的前提

　簿記会計のプロセスに対する基礎的前提を**会計公準**（assumptions）という。会計公準には，「**企業実体の公準**」「**会計期間の公準**」「**貨幣的評価の公準**」の3つがある。

企業実体の公準（economic entity assumption）
　企業実体の公準とは，ある特定の企業を会計が行われるための計算単位（会計単位）とする前提のことである。企業会計は，企業の経済活動を記録・測定・伝達することであるが，その企業会計は，資本主（個人事業主）およびあらゆる他の企業実体の活動とは区別

して，特定の企業という会計単位ごとに行われる。

会計期間の公準（accounting period assumption）

　会計期間の公準とは，「**継続企業**」（going concern）を前提として，一定の会計期間に区切って期間計算が行われるという前提のことである。継続的な活動を志向する企業は「継続企業」と呼ばれる。

貨幣的単位の公準（monetary unit assumption）

　貨幣的単位の公準とは，貨幣数値を統一的な測定単位として会計を行うという前提のことである。企業会計は，企業活動の結果を財務諸表によって利害関係者に開示している。財務諸表上の数値は，簿記上の仕組みを基礎としているが，その記録は主として貨幣数値（日本では円）によって行われる。

5．簿記の種類

　複式簿記は，一定の原理にしたがって，資本の変動を関連づけて秩序正しく記録，計算，整理するものであり，単式簿記は，原理によらずに，金銭などの財産の増加または減少のみを単独に記録するものである。

（1）単式簿記と複式簿記

　簿記は，その記帳方式の相違によって，単式簿記（single-entry book-keeping）と**複式簿記**（double-entry book-keeping）に大きく区分される。単式簿記は，原理によらずに，金銭などの財産の増加または減少のみを単独に記録するものである。家計簿の記録はこの記帳方法によったものである。これに対して，複式簿記は，企業の経済活動を一定の原理にしたがって，継続的に秩序正しく，体系的に記録・計算・整理する簿記のことをいう。

（2）営利簿記と非営利簿記

　簿記はまた，記帳の対象となる経済単位の性質の相違によって，営利簿記と非営利簿記の2つに区分される。営利簿記は，個人企業や会社などのように営利を目的としている経済単位に適用される簿記であり，その業種の違いによって，商業簿記，工業簿記，銀行簿記などに分けられる。これに対して，非営利簿記は，営利を目的としない官庁や公益法人などで用いられている簿記である。営利簿記との大きな相違点は，利益の計算（損益計算）を行わない点にある。本書は，複式簿記の原理に基づく商業簿記の全体像を明らかにする目的で書かれたものである。

6．複式簿記の起源：数学者ルカ・パチョーリによるスンマ

　14 世紀から 15 世紀にかけてのルネッサンス期に南ヨーロッパ，特にイタリアで，金銭の貸付業をする商人たちが特殊な記帳技術を考案し，貸借記入を行うようになった。今日，われわれが学問として取り扱っている複式簿記の技術的基礎は当時すでに成立したものであるといわれている。また，複式簿記を論じた最初の文献は，イタリアの数学者ルカ・パチョーリ（Luca Pacioli）が 1494 年に出版した『算術，幾何学，比例，比率全書』（通称スンマ）[1] である。その中で，初めて複式簿記が論じられており，ベニスの銀行家が使用していた簿記方法について述べている。当時，すでに複式簿記の記帳技術が成立していたことを示している。このように発生当時は数学の一部として扱われていたものが，やがて簿記として独立するようになり，さらに発展して，今日の企業会計制度を生み出すまでに至ったのである。

　また，わが国に複式簿記が導入されたのは明治時代になってからである。日本に複式簿記が紹介されたのは明治 6 年である。この年は福沢諭吉の『帳合之法』とアラン・シャンドの『銀行簿記精法』が出版された年として知られている。前者はアメリカの簿記のテキストのうち単式簿記の部分を翻訳したものであり，複式簿記の部分は翌年に出版された。また，後者は当時の大蔵省が翻訳したものである。わが国では，book-keeping が当初「帳合之法」と訳されたが，『銀行簿記精法』が出版されてからは「簿記」という用語が一般に使用されだし，現在に至っている。このように，今日，我々が用いている複式簿記の記帳法は相当古い歴史をもっているわけである。

【練習問題】

| 問題 1 − 1 | 次の文の（　　　）の中に，適当な用語を記入しなさい。

- 簿記は（　イ　）の略語で，企業の（　ロ　）を一定の原理に基づき，（　ハ　）し，計算し，整理する技術である。
- 簿記は，その記帳方式の違いによって，（　ニ　）と（　ホ　）に区分される。
- 簿記の目的は，企業の財産を管理するとともに，一定時点における（　ヘ　）を（　ト　）で明らかにし，一定期間における（　チ　）を（　リ　）で明らかにすることである。

イ		ロ		ハ		ニ		ホ	
ヘ		ト		チ		リ			

---

1)　吉田千草. 1923. ルカ・パチョーリ『算術・幾何・比及び比例全書』（第 2 版）トスコラーノ，パガニーニ刊，Pacioli, Luca, d. ca. 1514.　http://www.lib.meiji.ac.jp/about/publication/toshonofu/luca2.pdf

第2章 企業の財政状態と貸借対照表

1. 貸借対照表

　簿記の目的の1つは，企業の一定時点における財政状態を明らかにすることである。ここでいう財政状態とは，企業に投下されている資金が，どのような源泉から調達され，それがどのような形態で運用されているかという状態を意味している。一定時点における資産，負債，純資産の各内容を項目別に金額を掲げ，企業の財政状態を表示する計算表を**貸借対照表**（balance sheet）という。貸借対照表では，その左側に資金の運用形態が，その右側に資金の調達源泉が示され，当然のことながら貸借対照表の左側と右側の金額は一致する。米国のテキストでは，企業が有する基本的な要素は，企業が所有するものと支払義務を負っているものの2つから構成されている（Weygrandt et al 2013, 12）。企業が所有するものが資産，企業が債権者に支払義務を負っている請求権が負債，所有者に対する請求権が純資産であると示されている。

貸借対照表

運 用 形 態	調 達 源 泉

2. 貸借対照表の基本要素

　資産（assets）とは，企業が所有している資源であり，過去の取引および事象の結果として，企業が獲得または管理する将来経済的価値を有するものである（Weygrandt et al 2013, 13）。たとえば，**現金，普通預金，売掛金，貸付金，備品，建物，車両運搬具，土地，未収入金，立替金，仮払金，前払費用，未収収益**がある。
　負債（liabilities）とは，企業が債権者に支払義務を負っている請求権であり，過去の取引や事象の結果として，企業が，他企業に対して資産の譲渡やサービスの提供という現在の債務から生じる，経済的便益額に対して支払をもたらす義務のことである（Weygrandt

et al 2013, 13)。たとえば，**買掛金，借入金**，未払金，前受収益，預り金，仮受金，未払費用がある。

純資産とは，所有者に対する請求権であり，資産から負債を差し引いた差額である。株式会社における純資産には，株主からの出資額を表す**資本金**（owner's equity）と企業が経営活動によって得られた利益の留保額である，**繰越利益剰余金**（retained earnings carried forward）があり，この2つを区別して表示する。

3．簿記の基本等式

純資産は資産から負債を差し引いた差額として求められるので，その関係は以下の等式で示すことができる。

$$資　産－負　債＝純資産$$

この等式は純資産の金額を計算するために利用されるので，**純資産等式**と呼ばれている。また，上の式を変形すると以下のようになる。

$$資　産＝負　債＋純資産$$

この等式は貸借対照表の構造を示しているので，**貸借対照表等式**と呼ばれている。

貸借対照表（Balance Sheet）

資　産 （Assets）	負　債 （Liabilities）
	純資産 （Net Assets）

例題 2.1

大阪株式会社の20X2年4月1日現在の資産と負債は次のとおりである。①資産総額，②負債総額，③純資産の額を計算しなさい。

現　金	￥180,000	普通預金	￥450,000	備　品	￥540,000
建　物	￥1,470,000	借入金	￥795,000	買掛金	￥345,000

解 答

① 資産総額　　　¥2,640,000

現金 + 普通預金 + 備品 + 建物 = ¥2,640,000

② 負債総額　　　¥1,140,000

借入金 + 買掛金 = ¥1,140,000

③ 純資産額　　　¥1,500,000

資産総額 − 負債総額 = ¥1,500,000

例題 **2.2**

次の資料により，埼玉株式会社の 20X2 年 4 月 1 日現在の貸借対照表を作成しなさい。

| 現　金 ¥80,000 | 普通預金 ¥390,000 | 売掛金 ¥240,000 | 車両運搬具 ¥270,000 |
| 建　物 ¥550,000 | 買 掛 金 ¥400,000 | 借入金 ¥230,000 | |

解 答

貸 借 対 照 表

埼玉株式会社　　　　　　　　　　20X2 年 4 月 1 日

資　　産	金　　額	負債・純資産	金　　額
現　　　金	80,000	買　掛　金	400,000
普 通 預 金	390,000	借　入　金	230,000
売　掛　金	240,000	資　本　金	900,000
車 両 運 搬 具	270,000		
建　　　物	550,000		
	1,530,000		1,530,000

4．財産法の計算原理

　簿記には，ある一定時点における財産の量を意味する**ストック**と，ある一定期間における財産の増減を意味する**フロー**という測定値がある（渡部他 2023, 5）。一定時点における企業のストックの状態を資産，負債，純資産で示す計算書が貸借対照表であり，フローを示す計算書が損益計算書である。一定期間におけるフローである企業の経営成績もまた資産，負債，純資産によって明らかにすることができる。株主は，投下した純資産の増加を目的として営業活動を営んでいる。その営業活動が成功すれば純資産の増加がみられ，逆に営業活動が失敗に終われば純資産の減少となる。企業の営業活動の結果として，ある期

間に増加した純資産の純増加額を**純利益**（net income）といい，ある期間に減少した純資産の純減少額を**純損失**（net loss）という。また，純利益と純損失を一括して**純損益**という呼び方をする。

期首貸借対照表

| Assets
（期首資産）
（70） | Liabilities
（期首負債）
（30） |
| | Net Assets
（期首純資産）
（40） |

$\Longrightarrow$

（営業活動の結果）

期末貸借対照表

| Assets
（期末資産）
（90） | Liabilities
（期末負債）
（30） |
| | Net Assets
（期末純資産）
（60） |

（単位：万円）

　ここで注意しなければならない点は，純損益は，営業活動の結果として企業資本の循環の過程でおのずから生じる純資産の増減であるということである。このような事象を引き起こすでき事を**損益取引**という。これに対して，増資や減資のように，純資産に直接影響を及ぼす取引を**資本取引**と呼び，この資本取引による純資産の増減と区別しなければならない。したがって，ある期間の純損益を把握する場合は，以下の等式で示されるように，期首と期末の純資産額を比較すればよいことになる。このような純利益の算出方法を**財産法**と呼んでいる。

期末純資産−期首純資産＝当期純利益（マイナスの場合は純損失）

　期末純資産は，期末資産から期末負債を差し引いた額であり，期首純資産を右辺に移項すると，以下のような等式となる。

期末資産−期末負債＝期首純資産＋当期純利益

　上の等式の期末負債を右辺に移項すると，期末資産＝期末負債＋期首純資産＋当期純利益となり，期末貸借対照表の構造を示すものとなる。しかし，このような財産法では純損益の総額は明らかになっても，それがどのようなでき事から生じたかはわからない。そこで，損益の内容を分析し，その発生原因を知るために純損益がいかなるでき事からもたらされたかを明らかにする必要があり，損益計算書を作成するのである。なお，株式会社では，純資産を，株主からの出資を表す**資本金**と，企業が営業活動の結果獲得した**繰越利益剰余金**とに区別する（渡部他　2023, 7）。

期末貸借対照表

Assets （期末資産）	Liabilities （期末負債）
	Net Assets （期首純資産）
	Retained Earning Carried Forward （期末繰越利益剰余金）

　　　　　　　　　　　　　　　　期末純資産

↑
当期純利益

例題 2.3

千葉株式会社は，20X2 年 4 月 1 日に株主から現金￥500,000 の出資を受けて開業した。20X3 年 3 月 31 日の財政状態は次のようであった。20X3 年 3 月 31 日現在における貸借対照表を作成しなさい。

現　　金	￥125,000	普通預金	￥148,000	売掛金	￥210,000	貸付金	￥60,000
備　　品	￥87,000	建　　物	￥550,000	買掛金	￥345,000	借入金	￥107,000

解　答

貸　借　対　照　表

千葉株式会社　　　　　　　　　　20X3 年 3 月 31 日

資　　産	金　　額	負債・純資産	金　　額	
現　　　　金	125,000	買　掛　金	345,000	
普　通　預　金	148,000	借　入　金	107,000	期首純資産
売　掛　金	210,000	資　本　金	500,000	
貸　付　金	60,000	繰越利益剰余金	228,000	期末純資産
備　　　品	87,000			
建　　　物	550,000			
	1,180,000		1,180,000	

期末純資産＝期末資産−期末負債
　　　　　＝1,180,000−452,000
　　　　　＝728,000

純利益＝期末純資産－期首純資産
$$= 728,000 - 500,000$$
$$= 228,000$$

【練習問題】

問題 2 － 1   次の問いに答えなさい。

① 資産 ¥680,000，負　債 ¥360,000 の場合，純資産はいくらか。

② 資産 ¥480,000，純資産 ¥200,000 の場合，負債はいくらか。

③ 負債 ¥280,000，純資産 ¥480,000 の場合，資産はいくらか。

問題 2 － 2   次の各項目から，純資産の額を求めなさい

| 現　金 | ¥320,000 | 普通預金 | ¥660,000 | 売掛金 | ¥360,000 |
| 備　品 | ¥400,000 | 買 掛 金 | ¥480,000 | 借入金 | ¥200,000 |

問題 2 － 3   静岡株式会社の期首（20X2 年 4 月 1 日）の財政状態は次のとおりである。

① 期首の貸借対照表を作成しなさい。

期首の財政状態

| 現　金 | ¥180,000 | 普通預金 | ¥480,000 | 売掛金 | ¥540,000 | 備　品 | ¥120,000 |
| 建　物 | ¥750,000 | 買 掛 金 | ¥345,000 | 借入金 | ¥225,000 | | |

貸 借 対 照 表

静岡株式会社　　　　　　　20X2 年 4 月 1 日

資　　産	金　　額	負債・純資産	金　　額

② 期末の財政状態は次のようになった。期末（20X3 年 12 月 31 日）の貸借対照表を作成しなさい。

期末の財政状態

| 現　金 | ¥285,000 | 普通預金 | ¥555,000 | 売掛金 | ¥720,000 | 備　品 | ¥150,000 |
| 建　物 | ¥750,000 | 買 掛 金 | ¥465,000 | 借入金 | ¥375,000 | | |

	貸 借 対 照 表		
静岡株式会社	20X3 年 3 月 31 日		
資　産	金　額	負債・純資産	金　額

第3章 企業の経営成績と損益計算書

1．損益計算書

　一会計期間の利益，つまり，企業の営業活動に基づく純資産の純増加額は，期首と期末の純資産額の差額として把握される。しかし，この方法では，どのような原因で当期純利益が生じたかが明らかにされない。そこで，収益と費用という概念を用いて純利益を生じさせる原因と，純利益を減少させる原因を示そうとする計算書を作成する必要がある。これが**損益計算書**（income statement）である。すなわち，営業活動により純資産を増加させるものが収益であり，純資産を減少させるものが費用である。その構造は，損益計算書の借方に費用を記載し，貸方に収益を記載し，その差額を純損益として表示する。すなわち，収益総額が費用総額よりも多ければ，その差額を当期純利益として借方に記載し，費用総額が収益総額よりも多ければ，その差額を当期純損失として貸方に記載する。

　損益計算書は，一定期間における収益および費用を報告する計算書である。当期純利益は，収益が費用を上回る場合に生じ，当期純損失は，費用が収益を上回る場合に発生する。

$$当期純利益＝収　益－費　用$$

$$当期純損失＝費　用－収　益$$

（収益＞費用）
損益計算書（Income Statement）

（借方）	（貸方）
費　用 (Expenses)	収　益 (Revenues)
当期純利益 (Net Income)	

（費用＞収益）
損益計算書（Income Statement）

（借方）	（貸方）
費　用 (Expenses)	収　益 (Revenues)
	当期純損失 (Net Loss)

２．収　　益

　収益（Revenues）とは，企業の営業活動によって，純資産の増加をもたらす原因となるものであり，営業活動の結果，新たに獲得された経済価値である。

　収益の具体的項目の例として，次のものを示すことができる。
- 売　　　　　上：商品を販売したり，サービスを提供したことにより受け取る代金
- 受 取 手 数 料：取引の仲介をして受け取った手数料
- 受 取 利 息：銀行預金や貸付金などから受け取った利息
- 受 取 家 賃：店舗などを貸したことによって受け取った家賃
- 受 取 地 代：土地を貸したことによって受け取った地代
- 雑収入（雑益）：原因が不明で他の勘定科目に該当しないもの

３．費　　用

　費用（Expenses）とは，営業活動によって，純資産の減少をもたらす原因となるものであり，収益獲得のために消費された経済価値である。

　費用の具体的項目の例として，次のものを示すことができる。
- 仕　　　　　入：販売目的で仕入先から購入する代金
- 給　　　　　料：従業員に支払う給料
- 広 告 宣 伝 費：雑誌や新聞に掲載した広告や折り込みチラシの代金，Web サイト制作費
- 支 払 利 息：借入金に対して支払う利息
- 支 払 家 賃：店舗などを借りている場合に支払った賃借料
- 支 払 地 代：土地を借りている場合に支払った地代
- 通　信　費：電話料や通信料，切手・はがき代，インターネット料金，プロバイダ料金
- 交　通　費：バス・電車代，タクシー代
- 消 耗 品 費：事務用文房具代，伝票代など
- 水 道 光 熱 費：電気代，ガス代，水道代など
- 雑　　　　　費：お茶菓子代，新聞購読料（紙媒体・電子版）など

例題 **3.1**

　石川株式会社は 20X2 年 4 月 1 日に開業したが，この年における収益および費用は次のとおりである（会計期末は 20X3 年 3 月 31 日）。この資料により損益計算書を作成しなさい。

| 売　　　上 | ¥600,000 | 受取利息 | ¥28,000 | 給　　料 | ¥175,000 | 仕　入 | ¥200,000 |
| 交　通　費 | ¥83,000 | 支払家賃 | ¥54,000 | 支払利息 | ¥18,000 | | |

損　益　計　算　書

石川株式会社　20X2 年 4 月 1 日から 20X3 年 3 月 31 日

費　　用	金　　額	収　　益	金　　額
仕　　　入	200,000	売　　　上	600,000
給　　料	175,000	受 取 利 息	28,000
交　通　費	83,000		
支 払 家 賃	54,000		
支 払 利 息	18,000		
当 期 純 利 益	**98,000**		
	628,000		628,000

4．損益法の計算原理

　一定期間における企業の損益は，その会計期間の期首とその会計期間の期末の純資産の差額から求められる。これを等式で示すと，以下のとおりとなり，これを**財産法**による損益計算と呼ぶ。

期末純資産－期首純資産＝当期純利益（財産法）

　期首と期末の 2 時点における純資産の増減から計算された損益は，営業活動の結果として全体としてどれくらい損益が生じたかを示すものである。しかしながら，財産法による利益計算では，純損益の発生原因は明らかとはならない。そこで，一会計期間における純損益の発生原因を明らかにする損益法による損益計算が必要となってくるのである。収益から費用を差し引いた金額として算出されるものが当期純利益であり，これを**損益法**による損益計算と呼ぶ。

収　　益－費　　用＝当期純利益（損益法）

　貸借対照表という財産法によって算出された純資産の増減額としての純利益と，損益計算書での損益法によって算出された純利益は必ず一致する。複式簿記では，資産，負債，純資産，収益，費用の増減に関するすべての事項が，組織的，体系的に記録，計算されているため，収益，費用の発生と資産，負債，純資産の増減は密接に関連し，貸借対照表および損益計算書は，帳簿記録から誘導的に作成される。こうして，われわれが学んでいる複式簿記は，財産法と損益法という 2 つの計算を，その 1 つの体系の中で同時に行うことのできるシステムなのである。損益法によって算出された純損益の金額と財産法によって

算出された純損益の金額は一致するという事実は，同じ現象を別の見方をしているにすぎないということである。すなわち，純資産の変動を，損益法ではフローでとらえ，財産法ではストックでとらえているといえる。

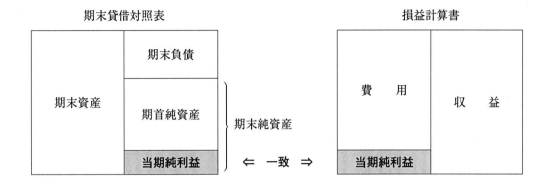

【練習問題】

問題 3 − 1　次の資料から，収益・費用の各合計金額と純利益を計算しなさい。

売　　上	￥633,000	交 通 費	￥30,000	受取利息	￥51,000	仕　　入	￥240,000
通信費	￥18,000	給　　料	￥155,000	支払利息	￥36,000	支払家賃	￥69,000
雑　　費	￥24,000	受取手数料	￥30,000	消耗品費	￥42,000		

問題 3 − 2　次の空欄に適当な金額を記入しなさい。なお，△印は純損失を示す。

	期末資産	期末負債	期首純資産	総収益	総費用	純損益
①	￥60,000	￥42,000	￥12,000		￥30,000	
②		￥54,000	￥24,000	￥60,000		￥18,000
③	￥48,000	￥30,000			￥30,000	△￥8,400

問題 3 − 3　奈良株式会社の次の資料から，期末の貸借対照表と損益計算書を作成しなさい。ただし，期首資本金は￥190,000である。

① 20X3 年 3 月 31 日（期末）の資産および負債

| 現　　金 | ￥55,000 | 売 掛 金 | ￥210,000 | 普通預金 | ￥295,000 |
| 借 入 金 | ￥275,000 | | | | |

貸借対照表

奈良株式会社　　　　　　20X3 年 3 月 31 日

資　産	金　額	負債・純資産	金　額

② 20X2 年 4 月 1 日から 20X3 年 3 月 31 日までに発生した収益および費用

売　　　上　¥465,000	給　　　料　¥160,000	支 払 家 賃　¥70,000
通 信 費　¥35,000	仕　　　入　¥150,000	消 耗 品 費　¥25,000
支 払 地 代　¥55,000	支 払 利 息　¥40,000	受 取 手 数 料　¥105,000
受 取 利 息　¥60,000		

損 益 計 算 書

奈良株式会社　　　　　20X2 年 4 月 1 日～20X3 年 3 月 31 日

費　用	金　額	収　益	金　額

第4章 取　　引

1．簿記上の取引

　取引（transaction）には，内部取引と外部取引があり，外部取引とは，ある企業と外部企業間における経済的事象に関与したものである。外部取引とはたとえば，仕入先から設備を購入したり，月々の賃借料を支払ったり，商品を販売したりすることである。内部取引とは，ある企業内で発生する経済的事象のことである。しかしながら，企業には，簿記会計上には現れてこない多くの活動・取引もある。たとえば，従業員を雇用したり，注文を受けたりすることである。したがって，企業は，それぞれの事象が企業の財政状態（資産・負債・純資産）に影響を及ぼすかを分析することによって簿記上の取引と通俗上の取引とを区別しなければならない。複式簿記では，資産，負債，純資産の金額が変動すれば，これを記録する。このように資産・負債・純資産の各計算項目を変化させる取引を，**簿記上の取引**と呼んでいる（Weygrandt 2013, 15）。

簿記上の取引と通常の取引との相違

　土地や建物を購入したり，商品を販売したり，あるいは銀行から資金を借り入れたりすれば，当然，資産・負債・純資産の金額に何らかの変化が生じる。したがって，これらは簿記上の取引である。しかし，建物の賃貸借契約を結んだ場合，その所有権が借主に移ったわけではなく，資産・負債・純資産の金額に変化を与えないから，この取引は，一般に取引と呼んでも，簿記上の取引とみなされない。賃貸借契約について，それが簿記上の取引となるのは，賃借料を支払った時である。一方，通常は取引とは呼ばないにもかかわらず，簿記上は取引と呼ばれるものがある。たとえば，金銭や商品などが盗難にあったり紛

失したり，また火災や天災などにより，商品や建物が焼失・破損しても，通常は取引といわないが，簿記上は取引という。なぜならば，このような盗難や火災などによって資産が減少するからである。

　したがって，簿記上の取引とは，それがいかなる原因から生じるものであろうとも，結果的に企業の資産，負債，純資産の各計算項目の金額に増減変化をもたらす事象すべてをいう。

例題 4.1

次の取引で簿記上の取引になるものには○，そうでないものには×をつけなさい。
① 　得意先から商品￥520,000 の注文を受けた。
② 　営業用の自動車￥3,500,000 が盗まれた。
③ 　月給￥250,000 の契約で従業員を雇い入れた。
④ 　営業用の倉庫￥600,000 が火災で焼失した。
⑤ 　営業用の事務机￥78,000 を購入し，代金は来月支払うこととした。

解 答

①	×	②	○	③	×	④	○	⑤	○

2．取引の種類

　簿記上の取引は，資産，負債，純資産，収益，費用のどの範囲にまで影響を及ぼすかという観点から，**交換取引**，**損益取引**，**混合取引**に分類される。**交換取引**は，資産，負債，純資産の相互間で増減を生じる取引であり，収益も費用も発生しない取引である。たとえば，「備品￥50,000 を購入し，代金は現金で支払った」取引は，現金という資産が￥50,000 減少するが，備品という資産は￥50,000 増加する，資産相互間の取引である。また，「銀行から現金￥350,000 を借り入れた」取引は，現金という資産が￥350,000 増加するが，一方，借入金という負債も￥350,000 増加する，資産と負債の相互間取引である。さらに，「株主から現金￥500,000 の追加出資を受けた」取引は，現金という資産が￥500,000 増加するが，一方，資本金という純資産も￥500,000 増加する，資産と純資産の相互間取引である。したがって，これらは交換取引である。

　損益取引は，収益や費用を発生させる取引である。たとえば「給料￥180,000 を現金で支払う」取引は，給料という費用が￥180,000 発生し，一方で現金という資産が￥180,000 減少する。また，「企業間の取引の仲介をし，手数料￥30,000 を現金で受け取った」取引は，受取手数料という収益が￥30,000 発生し，一方で現金という資産が￥30,000 増加す

る。これらは損益取引である。

　混合取引は，1つの取引の中で，交換取引と損益取引が結合している取引である。たとえば，「借入金￥300,000とその利息￥5,000をともに現金で支払った」取引は，借入金￥300,000を現金￥300,000で支払ったという交換取引とその利息￥5,000を現金￥5,000で支払ったという損益取引が結合したものである。

3．取引の分解と取引8要素の結合関係

　簿記上の取引とは，資産，負債，純資産，収益および費用の5つの要素に影響を及ぼすものである。複式簿記では，取引によって生じる影響を，借方要素と貸方要素の組合せとして分析することが必要である。この分析のことを取引の分解という。そして，借方要素には，資産の増加，負債の減少，純資産の減少，費用の発生があり，貸方要素には，資産の減少，負債の増加，純資産の増加，収益の発生がある。取引は，必ず借方要素と貸方要素の結合，すなわち複眼的に把握することに注意しなければならない。また，純資産の減少と収益の発生，費用の発生と純資産の増加，費用の発生と収益の発生の結びつきも存在しない。このような取引の結合関係は取引8要素の結合関係という。

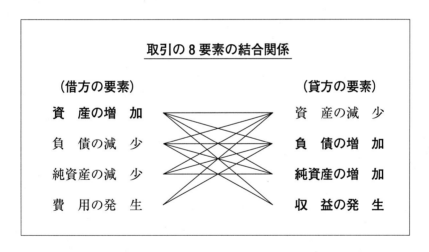

取引分析：以下の各取引について借方要素と貸方要素に分解してみよう。

1．株主から現金￥100,000の出資を受けた。
　　　現金（資産）￥100,000の増加　⇔　資本金（純資産）￥100,000の増加

2．銀行から現金￥500,000を借り入れた。
　　　現金（資産）￥500,000の増加　⇔　借入金（負債）￥500,000の増加

3．備品￥50,000 を現金で購入した。

　　　備品（資産）￥50,000 の増加　⇔　現金（資産）￥50,000 の減少

4．商品￥30,000 で仕入れ，代金は現金で支払った。

　　　仕入（費用）￥30,000 の発生　⇔　現金（資産）￥30,000 の減少

5．借入金￥140,000 を現金で返済した。

　　　借入金（負債）￥140,000 の減少　⇔　現金（資産）￥140,000 の減少

6．店舗を賃貸し，その家賃￥65,000 を現金で受け取った。

　　　現金（資産）￥65,000 の増加　⇔　受取家賃（収益）￥65,000 の発生

7．従業員に今月分の給料￥220,000 を現金で支払った。

　　　給料（費用）￥220,000 の発生　⇔　現金（資産）￥220,000 の減少

8．借入金￥100,000 を利息￥5,000 とともに，現金で支払った。

　　　借 入 金（負債）￥100,000 の減少　⇔　現金（資産）￥105,000 の減少
　　　支払利息（費用）　　￥5,000 の発生

9．商品を￥150,000 で売上げ，代金は現金で受け取った。

　　　現金（資産）￥150,000　⇔　売上（収益）￥150,000 の発生

【練習問題】

問題 4－1　　次の取引を「取引の 8 要素の結合関係」に基づいて分解しなさい。

　例：株主から現金￥1,000,000 の出資を受けて，ジュエリー店を開業した。

① 販売用ショーケース￥55,000 を購入し，代金は現金で支払った。
② 事務用デスク￥350,000 を購入し，代金は現金で支払った。
③ 銀行から現金￥600,000 を借り入れた。
④ 営業用のライトバン￥200,000 を現金で購入した。
⑤ ネックレスを販売し，代金￥20,000 を現金で受け取った。
⑥ 指輪を販売し，代金￥100,000 は来月受け取ることとした（売掛金）。
⑦ 店舗の家賃￥12,000 を現金で支払った。
⑧ 借入金￥300,000 を現金で返済した。
⑨ 従業員に給料￥150,000 を現金で支払った。

⑩　株主から現金￥300,000 の追加出資を受けた。

	借方要素	科　目	金　額	貸方要素	科　目	金　額
例	資産の増加	現　金	1,000,000	純資産の増加	資本金	1,000,000
①						
②						
③						
④						
⑤						
⑥						
⑦						
⑧						
⑨						
⑩						

第 5 章　勘定記入

1．勘定の意義と形式

　簿記では，簿記上の取引が発生すると，資産，負債，純資産，収益，費用の内容と金額の変化を分析して記録する。資産では現金・売掛金・備品などに，また負債では買掛金・借入金などの項目に分けて，その増減を記録・計算する。さらに，純資産では，その増減を株主の出資による部分と収益・費用の発生による部分とに分けて記録・計算する。このように，種類別に分けた簿記上の記録・計算の単位のことを**勘定**（account）といい，また，この勘定に付けられた名称を勘定科目という。

　たとえば，現金の増減を記録する勘定は「現金勘定」，借入金の増減を記録する勘定は「借入金勘定」と呼ばれる。簿記では勘定科目群を用いて企業の経営活動を継続的に記録・計算するのであるが，これらの記録・計算を行うために設けられた帳簿上の場所を勘定口座という。この勘定口座の形式には，標準式と残高式の2種類のものがある。標準式は以下に示すように，中央から二分され，まったく同じ記入欄が左側と右側に設けられている。二分された勘定口座の左側を**借方**（かりかた：Debit: Dr），右側を**貸方**（かしかた：Credit: Cr）という。一方，残高式は借方・貸方欄のほかに残高欄が設けられていて，日々の残高（現在高）が記入できるようになっている。簿記学習では，標準式を用いることが多く，その簡略化した**T勘定**（T-account）が広く使用されている。

（標準式）現　　金　　　　　　　　　　　　　　　　　　1

日付	摘　　要	仕丁	借　方	日付	摘　　要	仕丁	貸　方

（残高式）現　　金　　　　　　　　　　　　　　　　　　1

日付	摘　　要	仕丁	借　方	貸　方	借/貸	残　高

現　　金　　←———勘定科目

借　　方　　　貸　　方

　勘定の借方に記入することを借方記入（借記）といい，貸方に記入することを貸方記入（貸記）という。また，勘定がいかなる項目の計算場所であるかを明示するために，それぞれの項目名を勘定の上に記入しなければならない。この名称が勘定科目ということはすでに述べたとおりである。

　簿記では，価値が連続的に増減変化する場合，この勘定を用いて，継続的に記録・計算する。たとえば，現金の増減を記録・計算するならば，現金勘定の借方には現金の増加額のみを記入し，その貸方には現金の減少額だけを記入すれば，借方の合計額は収入総額を表わし，貸方の合計額は支出総額を意味している。したがって，現在の現金残高（現在高）を計算するためには，借方と貸方とを比較して，その差額を少ない方に加算することによって，貸借を一致させる。

2．勘定記入の法則

　取引を勘定に記入するには，**勘定記入の法則**に依拠する必要がある。まず，資産の勘定については，増加は借方に，減少は貸方に記入する。次に負債と純資産の勘定は，増加を貸方に，減少を借方に記入する。また，収益の勘定は発生を貸方に記入する。さらに，費用の勘定は発生を借方に記入する。この勘定記入の法則に依拠するのは，各勘定残高が貸借対照表や損益計算書に記載される場合に，その勘定残高と一致させるためである。たとえば，現金勘定は，貸借対照表の資産の勘定であり，その残高は借方に記載されるので，

資産勘定		負債勘定		純資産勘定	
増　加	減　少	減　少	増　加	減　少	増　加

収益勘定		費用勘定	
（消　滅）	発　生	発　生	（消　滅）

勘定のうえでも残高が借方になるように記入するのである。収益および費用の勘定は，収益は純資産の増加をもたらすので，純資産の増加として，費用は純資産の減少として考えられる。

　この勘定記入の法則は，貸借対照表における資産，負債，純資産の記載の仕方，損益計算書における収益，費用の記載の仕方とも一貫する。これらの関係を図示すると次のとおりである。

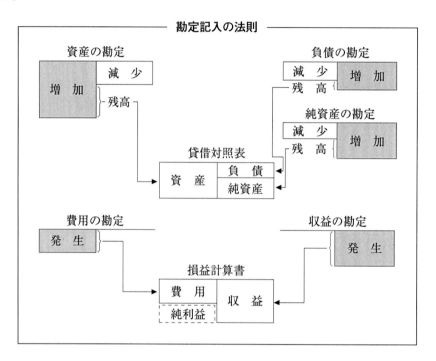

3．勘定の種類

　勘定の種類は，資産勘定，負債勘定，純資産勘定，収益勘定および費用勘定に分類される。当該勘定科目を種類ごとに，以下のとおり，まとめておくことにする。

貸借対照表項目

資産勘定	負債勘定
現　　　金	買 掛 金
普 通 預 金	未 払 金
売 掛 金	借 入 金
未 収 入 金	**純資産勘定**
備　　　品	
車 両 運 搬 具	資 本 金
建　　　物	繰越利益剰余金
土　　　地	

損益計算書項目

費用勘定	収益勘定
仕　　　入	売　　　上
支 払 利 息	受 取 手 数 料
支 払 家 賃	受 取 家 賃
広 告 宣 伝 費	受 取 利 息
給　　　料	受 取 地 代
消 耗 品 費	
雑　　　費	

4．貸借平均の原理

　個別の取引をみると，借方の金額と貸方の金額は等しいことに気づく。したがって，取引全体についてもすべて勘定の借方の金額の合計額と貸方の金額の合計額は常に等しくなる。これを**貸借平均の原理**（principle of equilibrium）という。これによって記録の正確性が担保されることになる（中村　2013, 18）。

【練習問題】

　| 問題 5－1 |　次の取引について仕訳を示し，総勘定元帳の各勘定に転記しなさい。
　　　　　　　　（日付と金額を記入すること）

6月	1日	株主から現金¥1,000,000 の出資を受け，営業を開始した。
	4日	事務用の机・椅子¥75,000 を購入し，代金は現金で支払った。
	7日	商品¥130,000 を仕入れ，その代金は掛とした。
	10日	Web サイト制作代として，代金¥80,000 は現金で支払った。
	12日	銀行から現金¥300,000 を借り入れた。
	15日	商品を¥87,000 で販売し，代金は来月受け取ることとした。
	19日	店舗の家賃¥150,000 を現金で支払った。
	20日	商品¥200,000 を仕入れ，代金のうち¥50,000 は現金で支払い，残額は掛とした。
	22日	売掛金¥47,000 を現金で回収した。
	24日	商品を¥125,000 で販売し，代金のうち¥25,000 は現金で受け取り，残額は掛とした。
	25日	従業員に本月分給料¥180,000 を現金で支払った。
	26日	今月のインターネット回線使用料¥14,000 を現金で支払った。
	30日	買掛金のうち¥45,000 を現金で支払った。
	30日	銀行からの借入金のうち，¥98,000 を現金で支払った。

	借方科目	金　　額	貸方科目	金　　額
6/ 1				
4				
7				
10				
12				
15				
19				
20				
22				
24				
25				
26				
30				
〃				

現　金

売掛金

仕　入

備　品

買掛金

借入金

資本金	売　上	広告宣伝費

給　料	支払家賃	通信費

第 6 章 仕訳帳と総勘定元帳

1．仕訳の意義

　簿記では，勘定に記入する前に，取引を**発生順**（chronological order）に借方の要素，貸方の要素に分解して記録していく。この取引を借方の要素，貸方の要素に分解して記録する作業を**仕訳**（journalizing）という。取引は2面的性格を有するので，仕訳をする場合，取引を2面的にとらえ，取引の8要素の関係に基づき，借方要素と貸方要素に分解して仕訳として表示することになる。簿記手続きでは，通常，証ひょうに依拠して取引を仕訳し，その仕訳は，**仕訳帳**（general journal）に記入する。証ひょうとは，取引の証拠のことであり，主に請求書や領収証のことである。

　このように，仕訳は簿記記録の出発点になり，勘定記入の基礎となるから，簿記学習上最も重要なものの1つである。なぜなら，簿記手続きをどんなに正確に進めても仕訳が正確に行われていなければ，正しい貸借対照表や損益計算書は作成されないからである。

2．転　記

　取引が発生し仕訳を行ったら，次に，その仕訳を**総勘定元帳の各勘定口座**に記入する。この各勘定口座へ記入することを**転記**（posting）という。転記は，仕訳の借方科目の金額を同一名称の借方に，仕訳の貸方科目の金額を同一名称の貸方に行う。転記は，整合する勘定口座に正確な金額を規則的に書き移すことが重要である。

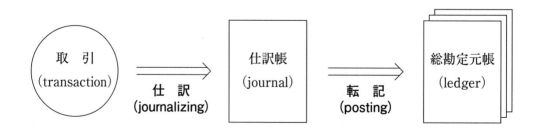

３．仕訳帳の意義と記帳方法

（１）仕訳帳の意義

　取引を仕訳し，その仕訳を記入する帳簿が**仕訳帳**（journal）である。この帳簿は帳簿組織上，主要簿の１つである。仕訳帳は，日々の取引が発生順に記録されるので，仕訳帳をみることによって，企業が過去にどのような営業活動を行ってきたか営業活動の一覧を知ることができる。また，仕訳帳は，勘定記入の基礎であり，勘定記入のための仲立ちをする帳簿であるので，誤りや漏れを防ぐことが可能である。

（２）仕訳帳への記入方法

　仕訳帳の形式および記入方法は，以下のとおりである。

<u>仕　訳　帳</u>

日付	摘　　　要	元丁	借　　方	貸　　方

　「４月１日　株主から現金￥100,000の出資を受けて営業を開始した」という取引を例として，どのように仕訳帳に記入するかを見てみよう。

　　　仕訳　→　（借方）現　金　100,000　　　（貸方）資本金　100,000

<u>仕　訳　帳</u>　　　　　　　　　　1

日付		摘　　　要	元丁	借　　方	貸　　方
4	1	（現　　　金）	1	100,000	
		（資　本　金）	8		100,000
		株主から出資を受けて会社を設立			

　①　日付：取引の発生した月日を日付欄に記入する。
　②　摘要：・借方の勘定科目を（　　）でくくり，摘要欄の左側に記入する。
　　　　　　・貸方の勘定科目を（　　）でくくり，摘要欄の右側に１行下にずらして記入する。
　　　　　　・借方勘定の金額を借方欄に記入する。

- 貸方勘定の金額を貸方欄に記入する。
- 取引の簡単な説明を摘要欄の下に記入する。これを「小書き」という。
- 取引の記入が終わると，摘要欄に区画線をひく。これによって，他の取引と区別する。

③　元丁：元帳の頁数の略であり，元帳の勘定口座に転記するごとに，各勘定科目の番号を「元丁」欄に記入し，記帳漏れがないことを確認する。

④　借方でも貸方でも仕訳の勘定科目が2つ以上の場合には，「諸口」と記入する。

例題 6.1

次の取引を仕訳し，仕訳帳に記入しなさい。

6月1日　チョコレート専門店東京株式会社は次のような期首の残高によって，今月の営業を開始する。

現　　　金	¥176,000	未　　払　　金	¥40,000
売　掛　金	¥64,000	借　　入　　金	¥120,000
備　　　品	¥40,000	資　　本　　金	¥200,000
車両運搬具	¥120,000	繰越利益剰余金	¥40,000

　　3日　銀行から追加借り入れをし，現金¥80,000を現金で受け取った。

　　6日　売掛金のうち，¥24,000を現金で回収した。

　12日　愛知株式会社から商品¥40,000を仕入れ，代金は現金で支払った。

　17日　未払金のうち，¥16,000を現金で支払った。

　20日　得意先長野株式会社に商品を売り上げ，その代金¥64,000のうち，¥24,000は現金で受け取り，残額は掛とした。

　23日　従業員に本月分の給料¥32,000を現金で支払った。

　25日　店舗の賃貸料¥12,000を現金で支払った。

　30日　借入金のうち，¥120,000とその利息¥5,600を現金で支払った。

解　答

仕　訳　帳

1

20X2年		摘　　　　　要		元丁	借　　方	貸　　方
6	1	諸　　　　口	諸　　　口			
		（現　　　金）			176,000	
		（売　掛　金）			64,000	
		（備　　　品）			40,000	
		（車両運搬具）			120,000	
			（未　払　金）			40,000
			（借　入　金）			120,000
			（資　本　金）			200,000
			（繰越利益剰余金）			40,000
		期首残高				
	3	（現　　　金）			80,000	
			（借　入　金）			80,000
		追加借入				
	6	（現　　　金）			24,000	
			（売　掛　金）			24,000
		売掛金の回収				
	12	（仕　　　入）			40,000	
			（現　　　金）			40,000
		愛知株式会社から仕入				
	17	（未　払　金）			16,000	
			（現　　　金）			16,000
		未払金の支払い				
	20	諸　　　口	（売　　　上）			64,000
		（現　　　金）			24,000	
		（売　掛　金）			40,000	
		長野株式会社へ販売				
		次ページへ繰越			624,000	624,000

20X2年		摘　　　　　要	元丁	借　　方	貸　　方
		前ページより繰越		624,000	624,000
6	23	（給　　　料）		32,000	
		（現　　　金）			32,000
		本月分給料の支払			
	25	（支 払 家 賃）		12,000	
		（現　　　金）			12,000
		本月分家賃の支払			
	30	諸　　口　　　　（現　　　金）			125,600
		（借 入 金）		120,000	
		（支 払 利 息）		5,600	
		銀行に返済			
				793,600	793,600

仕訳帳記入上の注意点

- 1取引は必ず同じページに仕訳し，2ページにわたって仕訳してはならない。
- 1ページに余白がなくなった場合，最後の行の摘要欄に「次ページへ繰越」と書き，合計金額を金額欄に記入すると同時に，次ページの最初の行の摘要欄に「前ページより繰越」と書き，合計金額を記入して，次の取引を仕訳していく。

4．総勘定元帳の意義と記帳方法

（1）総勘定元帳の意義

　企業のすべての勘定口座は，元帳（ledger）に設けられている。この元帳から，資産，負債，純資産，収益，費用の関係する各勘定がどのように増減したか，その経緯と結果を知ることが可能である。すべての資産，負債，純資産，収益，費用の勘定口座を収容するために設けられた1つの帳簿のことを**総勘定元帳**（general ledger）という。仕訳帳と並んで主要簿の1つとされる。

（2）総勘定元帳への記帳方法

　元帳の勘定は，標準式と残高式があるが，ここでは標準式勘定への転記の方法を説明する。

〈転記の仕方〉

① 日付：取引日を記入する。同じ日に取引が2つ以上ある場合には，日付は〃と記入する。

② 摘要：転記する仕訳の相手勘定科目を記入する。相手勘定科目が2つ以上ある場合には，「諸口」と記入する。

③ 金額：仕訳帳の勘定の金額を記入する。仕訳の借方金額は，勘定の借方欄に記入し，仕訳の貸方金額は勘定の貸方欄に記入する。

④ 仕丁：仕訳帳の右肩にあるページを各勘定の仕丁欄に記入する。各勘定の右肩にある番号を仕訳帳の元丁欄に記入することによって転記が完了したことを確認する。また，この元帳の「仕丁」と仕訳帳の「元丁」とを相互に確認することによって転記の正確性をチェック可能となる（中村 2013, 26）。

仕訳帳に次の取引が記入されている場合，その転記の方法を示すと以下の図のとおりとなる。すなわち，転記は①→②→③→④の順序で機械的に行われる。

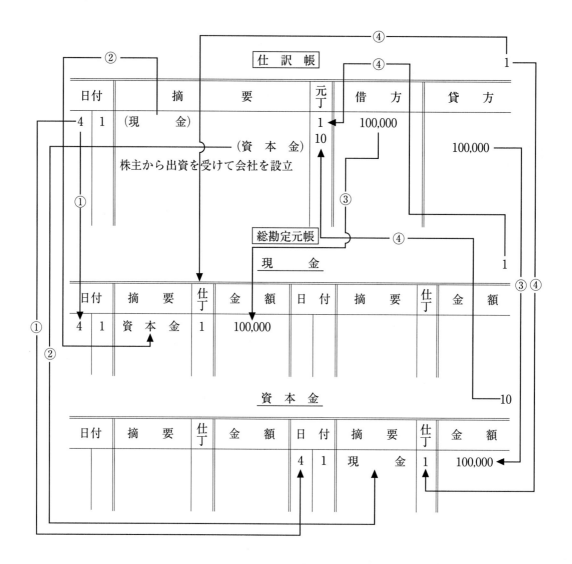

例題 6.2

例題6.1の東京株式会社の仕訳帳の記入から総勘定元帳への転記を行いなさい。

なお，勘定科目の番号は次のとおりである。

現　金（1），売掛金（2），備　品（3），車両運搬具（4），未払金（5），借入金（6），
資本金（7），繰越利益剰余金（8），売上（9），仕入（10），支払家賃（11），給料（12），
支払利息（13）

解 答

〈総勘定元帳〉

現　金　　　　　1

日付		摘　　要	仕丁	金　額	日付		摘　　要	仕丁	金　額
6	1	諸　　　　口	1	176,000	6	12	仕　　　　入	1	40,000
	3	借　入　金	〃	80,000		17	未　払　金	1	16,000
	6	売　掛　金	〃	24,000		23	給　　　料	2	32,000
	20	売　　　上	〃	24,000		25	支　払　家　賃	〃	12,000
						30	諸　　　　口	〃	125,600

売　掛　金　　　　　2

日付		摘　　要	仕丁	金　額	日付		摘　　要	仕丁	金　額
6	1	諸　　　　口	1	64,000	6	6	現　　　金	1	24,000
	20	売　　　上	〃	40,000					

備　　品　　　　　3

日付		摘　　要	仕丁	金　額	日付		摘　　要	仕丁	金　額
6	1	諸　　　　口	1	40,000					

車両運搬具　　　　　4

日付		摘　　要	仕丁	金　額	日付		摘　　要	仕丁	金　額
6	1	諸　　　　口	1	120,000					

未　払　金　　　　　5

日付		摘　　要	仕丁	金　額	日付		摘　　要	仕丁	金　額
6	17	現　　　金	1	160,000	6	1	諸　　　　口	1	40,000

借　入　金　　　　　6

日付		摘　　要	仕丁	金　額	日付		摘　　要	仕丁	金　額
6	30	現　　　金	1	120,000	6	1	諸　　　　口	1	120,000
						3	現　　　金	〃	80,000

資　本　金　　　　　7

日付		摘　　要	仕丁	金　額	日付		摘　　要	仕丁	金　額
					6	1	諸　　　　口	1	200,000

繰越利益剰余金　　　　　8

日付		摘　　要	仕丁	金　額	日付		摘　　要	仕丁	金　額
					6	1	諸　　　　口	1	40,000

					売 上				9
					6	20	諸　　口	1	64,000

					仕 入				10
6	12	現　　金	1	40,000					

					支払家賃				11
6	25	現　　金	2	12,000					

					給 料				12
6	23	現　　金	2	32,000					

					支払利息				13
6	30	現　　金	2	5,600					

【練習問題】

問題 6 － 1　　次の取引を仕訳しなさい。

① 株主から現金¥1,000,000，建物¥3,000,000の出資を受けて大阪株式会社を設立し，開業した。

② 新潟銀行から現金¥2,500,000を借り入れた。

③ 和歌山株式会社から商品¥370,000を仕入れ，代金は掛とした。

④ 事務用デスクを購入し，その代金¥168,000は現金で支払った。

⑤ 福井株式会社に原価¥40,000の商品を¥64,000で販売し，代金のうち半額は現金で受け取り，残額は掛とした。

⑥ 営業用自動車¥1,500,000を購入し，代金のうち¥250,000は現金で支払い，残額は翌月末に支払うこととした。

⑦ 借入金の利息¥20,000を現金で支払った。

⑧ 京都株式会社と奈良株式会社の取引の仲介をし，その手数料¥37,000を現金で受け取った。

⑨ 従業員に本月分給料¥180,000を現金にて支給した。

⑩ 兵庫株式会社に現金¥300,000を貸し付けた。

⑪ 新潟銀行に対して，借入金のうち¥300,000とその利息¥7,500を現金で支払った。

⑫ 和歌山株式会社に対する買掛金のうち¥80,000を現金で支払った。

⑬ Webサイト制作代として，その代金¥15,000を現金で支払った。

⑭ 福井株式会社に対する売掛金のうち¥13,500を現金で回収した。

⑮ 店舗の本月分の地代¥10,000を現金で支払った。

	借方科目	金　　額	貸方科目	金　　額
①				
②				
③				
④				
⑤				
⑥				
⑦				
⑧				
⑨				
⑩				
⑪				
⑫				
⑬				
⑭				
⑮				

第7章 試算表と精算表

1. 試算表の意義

　試算表（a trial balance）は，一定時点における各勘定口座の合計と残高を1つの表にまとめたものである。企業は，会計期末に，総勘定元帳の勘定口座の順で試算表を作成する。試算表は，転記後における借方記入の総額と貸方記入の総額が数学的に一致することを証明するものである。複式簿記では，取引を二面的に捉えることに基づく金銭的な均衡関係が成り立つ。これを**貸借平均の原理**と呼んでいる。したがって，試算表は，この貸借平均の原理に依拠して作成され，仕訳および転記過程における誤謬を検出することが可能となる。また，試算表は，貸借対照表や損益計算書などの財務諸表作成の際の資料となり，決算手続においても有用となる（渡部他　2023, 47）。

　試算表には，その金額の集計の仕方によって，**合計試算表**，**残高試算表**，**合計残高試算表**の3種類のものがある。合計試算表は，総勘定元帳の各勘定口座別に計算した借方記入の合計額と貸方記入の合計額を集計して作成される。残高試算表は，元帳の各勘定口座の残高を集計して作成される。勘定の残高とは，勘定の借方金額と貸方金額を比較して，大きい方に残高があるという。借方金額が貸方金額より大きければ借方残高となり，逆に貸方金額が借方金額より大きければ貸方残高となる。合計残高試算表は，合計試算表と残高試算表を一表にまとめたものである。

　前章の例題6.2の東京株式会社の総勘定元帳への記入を例として，合計試算表，残高試算表，合計残高試算表を作成すると，それぞれ以下のとおりとなる。

合 計 試 算 表

東京株式会社　　　　　　　20X3 年 3 月 31 日

借　方	元丁	勘定科目	貸　方
304,000	1	現　　　　　金	225,600
104,000	2	売　　掛　　金	24,000
40,000	3	備　　　　　品	
120,000	4	車　両　運　搬　具	
16,000	5	未　　払　　金	40,000
120,000	6	借　　入　　金	200,000
	7	資　　本　　金	200,000
	8	繰越利益剰余金	40,000
	9	売　　　　　上	64,000
40,000	10	仕　　　　　入	
32,000	11	給　　　　　料	
12,000	12	支　払　家　賃	
5,600	13	支　払　利　息	
793,600			793,600

残 高 試 算 表

東京株式会社　　　　　　　20X3 年 3 月 31 日

借　方	元丁	勘定科目	貸　方
78,400	1	現　　　　　金	
80,000	2	売　　掛　　金	
40,000	3	備　　　　　品	
120,000	4	車　両　運　搬　具	
	5	未　　払　　金	24,000
	6	借　　入　　金	80,000
	7	資　　本　　金	200,000
	8	繰越利益剰余金	40,000
	9	売　　　　　上	64,000
40,000	10	仕　　　　　入	
32,000	11	給　　　　　料	
12,000	12	燃　　料　　費	
5,600	13	支　払　利　息	
408,000			408,000

合　計　残　高　試　算　表

東京株式会社　　　　　　　　　　　20X3 年 3 月 31 日

借　方		元丁	勘定科目	貸　方	
残　高	合　計			合　計	残　高
78,400	304,000	1	現　　　　　金	225,600	
80,000	104,000	2	売　　掛　　金	24,000	
40,000	40,000	3	備　　　　　品		
120,000	120,000	4	車　両　運　搬　具		
	16,000	5	未　　払　　金	40,000	24,000
	120,000	6	借　　入　　金	200,000	80,000
		7	資　　本　　金	200,000	200,000
		8	繰越利益剰余金	40,000	40,000
		9	売　　　　　上	64,000	64,000
40,000	40,000	10	仕　　　　　入		
32,000	32,000	11	給　　　　　料		
12,000	12,000	12	燃　　料　　費		
5,600	5,600	13	支　払　利　息		
408,000	793,600			793,600	408,000

2．試算表の限界

　試算表は，貸借平均の原理に基づき，仕訳や転記などの簿記の記録計算が正しく行われたかどうかを検証する役割を有している。しかしながら，その記録の検証能力を 100% 保証しているわけではなく，試算表には限界があることに注意しなければならない。試算表の合計の貸借が一致しても，なお誤りが発生している場合があるのである。

（1）　取引を仕訳していない場合
（2）　正しい仕訳からの転記をしていない場合（転記漏れ）
（3）　同じ取引を二度仕訳した場合（二重仕訳）
（4）　正しくない勘定科目を仕訳や転記をした場合
（5）　借方も貸方も同じ誤った金額で仕訳した場合
（6）　同じ仕訳を借方も貸方も二度転記をした場合（二重転記）

例題 7.1

期末における秋田株式会社の総勘定元帳の勘定口座の記入は以下のとおりである。よって，合計残高試算表を作成しなさい。期末は 20X3 年 3 月 31 日である。

現　金　　　　1	
420,000	222,000
120,000	33,600
12,000	2,400
234,000	24,000

売掛金　　　　2	
144,000	120,000
96,000	

備　品　　　　3	
42,000	

買掛金　　　　4	
180,000	276,000
	132,000

借入金　　　　5	
24,000	120,000

資本金　　　　6	
	250,000

繰越利益剰余金　　7	
	50,000

売　上　　　　8	
	158,000

仕　入　　　　9	
80,000	

給　料　　　　10	
27,600	

支払利息　　　11	
2,400	

支払家賃　　　12	
6,000	

合 計 残 高 試 算 表

秋田株式会社　　　　　　　　　　20X3 年 3 月 31 日

借　方		元丁	勘定科目	貸　方	
残　高	合　計			合　計	残　高
504,000	786,000	1	現　　　　　金	282,000	
120,000	240,000	2	売　　掛　　金	120,000	
42,000	42,000	3	備　　　　　品		
	180,000	4	買　　掛　　金	408,000	228,000
	24,000	5	借　　入　　金	120,000	96,000
		6	資　　本　　金	250,000	250,000
		7	繰越利益剰余金	50,000	50,000
		8	売　　　　　上	158,000	158,000
80,000	80,000	9	仕　　　　　入		
27,600	27,600	10	給　　　　　料		
2,400	2,400	11	支　払　利　息		
6,000	6,000	12	支　払　家　賃		
782,000	1,388,000			1,388,000	782,000

3．精算表の意義と作成方法

　精算表（worksheet）とは，残高試算表から貸借対照表と損益計算書を作成するのに役立つ複数の列で構成される表のことである。前述した秋田株式会社の残高試算表等式を図示すると以下のようになる。精算表は，永久的な会計帳簿ではなく，正式な決算を行う前に，帳簿外で財務諸表を作成する際に用いられるデバイスである。経営者は，精算表を作成することによって，決算に先立って財政状態や経営成績を把握することが可能となる。

　精算表には，修正仕訳がない6桁精算表と，修正仕訳がある8桁精算表がある。6桁精算表は，残高試算表，損益計算書，貸借対照表から構成されており，それぞれ借方，貸方の2列ずつあるため，6桁精算表という。本章では6桁精算表の作成方法を示すこととする。

残高試算表

	期末負債 ¥324,000
期末資産 ¥666,000	期首純資産 ¥300,000
費用　¥116,000	収益　¥158,000

6 桁精算表の作成方法

（1）繰越利益剰余金と売上の間に線を引いて，残高試算表の上の部分が貸借対照表になり，下の部分が損益計算書になることを確認する。

（2）総勘定元帳の各勘定口座の残高を「残高試算表欄」に記入する。

（3）残高試算表欄の収益・費用に属する勘定の金額を，損益計算書の借方，貸方欄に移記する。

（4）残高試算表欄の資産・負債・純資産に属する勘定の金額を，それぞれ貸借対照表の借方，貸方欄に移記する。

（5）損益計算書欄および貸借対照表欄，各欄の借方・貸方の合計額を計算する。

（6）損益計算書および貸借対照表について，借方および貸方の合計額の差額を計算し，その差額を少ない欄に記入し，貸借合計を一致させる。損益計算書欄は，貸方合計が借方合計よりも大きく，この差額は当期純利益を表し，借方に当該金額を書き入れる。貸借対照表欄は，借方合計が貸方合計よりも大きく，貸方に当該金額を記入し，両差額が一致しているかどうかを確認する。

（7）これを確認したならば，勘定科目欄に「当期純利益」と記入し，各欄の合計額を記入して締め切る。

精　算　表

○○株式会社　　　　　　　20X3 年 3 月 31 日

勘定科目	残高試算表		損益計算書		貸借対照表	
	借　方	貸　方	借　方	貸　方	借　方	貸　方
○○○○						
△△△△						

〈精算表の構造〉

　精算表は，残高試算表の数字が損益計算書部分と貸借対照表部分に分けて表示されるところに特徴がある。残高試算表の上部分が貸借対照表となり，下部分が損益計算書となる。それゆえ，期末貸借対照表に示される当期純利益と，損益計算書に示される当期純利益の金額は一致することになる（中村　2013, 39）。

　なお，期末貸借対照表では，当期純利益は繰越利益剰余金の中に含めて表示される。以下の図は，精算表の構造を示したものである。

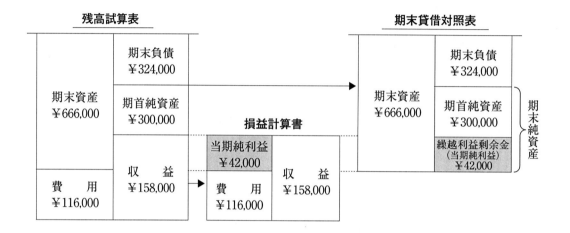

例題 7.2

　例題 7.1 の秋田株式会社の残高試算表に基づいて，精算表を作成しなさい。

解 答

精 算 表

秋田株式会社　　20X3 年 3 月 31 日

勘定科目	残高試算表		損益計算書		貸借対照表	
	借 方	貸 方	借 方	貸 方	借 方	貸 方
現　　　　金	504,000				270,000	
売　掛　金	120,000				120,000	
備　　　　品	42,000				42,000	
買　掛　金		228,000				228,000
借　入　金		96,000				96,000
資　本　金		250,000				250,000
繰越利益剰余金		50,000				50,000
売　　　　上		158,000		158,000		
仕　　　　入	80,000		80,000			
給　　　料	27,600		27,600			
支 払 利 息	2,400		2,400			
支 払 家 賃	6,000		6,000			
当 期 純 利 益			**42,000**			42,000
	782,000	782,000	158,000	158,000	666,000	666,000

問題 7 - 1　次の香川株式会社の総勘定元帳勘定残高から残高試算表を作成しなさい。

現　　　金	￥496,800	売　掛　金	￥118,400	普 通 預 金	￥100,000
備　　　品	￥9,600	買　掛　金	￥168,000	借　入　金	￥240,000
資　本　金	￥300,000	繰越利益剰余金	￥100,000	売　　　上	￥52,800
受取手数料	￥12,800	仕　　　入	￥44,000	給　　　料	￥52,000
交　通　費	￥4,000	雑　　　費	￥29,600	支 払 利 息	￥19,200

残　高　試　算　表

香川株式会社　　　20X3 年 3 月 31 日

借　　方	勘定科目	貸　　方

問題 7-2　次の福井株式会社の総勘定元帳勘定残高から，精算表を作成しなさい。ただし，資本金は各自計算をすること。

現　　　金	¥ 27,000	売 掛 金	¥90,000	普 通 預 金	¥115,000
建　　　物	¥310,000	備　　品	¥40,000	買 掛 金	¥87,500
借 入 金	¥100,000	資 本 金	X	繰越利益剰余金	¥16,500
売　　　上	¥86,000	受取手数料	¥65,000	仕　　　入	¥40,000
給　　　料	¥20,000	消 耗 品 費	¥6,000	支払保険料	¥4,000
雑　　　費	¥3,000				

精　算　表

福井株式会社　　　　　　　　　　　20X3 年 3 月 31 日

勘定科目	残高試算表		損益計算書		貸借対照表	
	借　方	貸　方	借　方	貸　方	借　方	貸　方
現　　　　金						
売　掛　金						
普 通 預 金						
建　　　　物						
備　　　　品						
買　掛　金						
借　入　金						
資　本　金						
繰越利益剰余金						
売　　　　上						
受 取 手 数 料						
仕　　　　入						
給　　　　料						
消 耗 品 費						
支 払 保 険 料						
雑　　　　費						
当 期（　　　）						

第8章 決算手続

1．決算の意義

　第1章で示したように，企業は，継続企業として永続して経営活動を行うものであるから，1年という一定の会計期間を設定して（会計期間の公準），期末の財政状態と期中の経営成績を明らかにする必要がある。そのため，一会計期間ごとに，主として総勘定元帳の会計記録に基づいて，損益計算書や貸借対照表などの財務諸表を作成するとともに，帳簿を**締め切る**（closing the books）。このような一連の手続きを**決算**（closing entries）という。日本の株式会社の場合，4月1日を**期首**とし，3月31日を**期末**とする場合が多く，この期末のことを**決算日**という。上場会社を含めた株式会社は，いわゆる決算書と呼ばれる財務諸表について決算後3カ月以内に開催される株主総会で株主の承認を得ることになっている。

2．決算手続の概要

　決算は，取引→仕訳帳→総勘定元帳→試算表→精算表→損益計算書・貸借対照表作成という流れの中でも行われているが，試算表の作成段階で元帳から離れてしまっており，単に予備的に決算を行ったに過ぎない。したがって，精算表を通して損益計算書および貸借対照表を作成する作業は**決算予備手続**といわれている。そこで，もう一度，元帳に戻って，予備決算の結果に基づいて勘定を締め切って，損益計算書や貸借対照表を作成することになる。これを**帳簿決算**といい，その手続きを**決算本手続**という。決算本手続には，大陸式決算法と英米式決算法があるが，本書では英米式決算法を説明する。決算の手続きは，通常，以下のような手順で進められる。

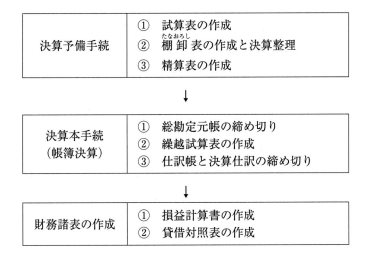

決算本手続においては，まず，総勘定元帳の各勘定を締め切る。当期末において各勘定への記入を終了させ，各勘定残高を確定させることを，**帳簿の締め切り**という。ある勘定の借方の金額を他の勘定の借方側へ，あるいは，ある勘定の貸方の金額を他の勘定の貸方側へ移す作業のことを**振替**といい，振替仕訳を転記する形で行われる。

決算本手続の概要は，以下のとおりである。

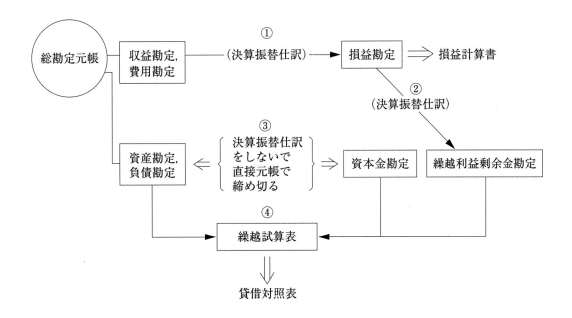

3．帳簿決算

（1）収益・費用の諸勘定の締め切り

資産・負債・純資産と，収益・費用とでは，締め切り方法が異なっている。まず，帳簿決算は，収益および費用の諸勘定を損益勘定に集計する。**損益勘定**は，決算のために，収益・費用勘定を集計するために設置された勘定のことである。収益・費用の諸勘定を締め切るために，元帳に損益勘定という純損益を計算するための勘定を設定し，収益・費用の諸勘定の残高をこの勘定に集めるとともに，収益・費用の諸勘定を締め切る。収益の勘定残高は貸方にあるので，これを損益勘定の貸方に記入するとともに，収益の勘定の借方に記入する。このための決算振替仕訳は次のとおりである。

（借方）収益の勘定　×××　　　　（貸方）損　　　益　×××

次に，費用の勘定残高は借方にあるので，これを損益勘定の借方に記入するとともに，費用の勘定の貸方に記入する。このための決算振替仕訳は次のとおりである。

（借方）損　　　益　×××　　　　（貸方）費用の勘定　×××

いま，例題 7.1 の秋田株式会社を例にとり，収益の諸勘定残高の振替とその締め切り，費用の諸勘定残高の振替とその締め切りを示すと次のとおりである（決算日 3/31）。

（借方）売　　　上　158,000　　　（貸方）損　　　益　158,000

売 上		損 益	
3/31 損 益 158,000	158,000		3/31 売 上 158,000

（借方）損　　　益　116,000　　　（貸方）仕　　　入　80,000
給　　　料　27,600
支 払 利 息　2,400
支 払 家 賃　6,000

	仕 入						損 益				
	80,000	3/31 損　益	80,000	3/31 仕	入	80,000	3/31 売	上	158,000		
				〃	給　料	27,600					
	給 料			〃	支払利息	2,400					
	27,600	3/31 損　益	27,600	〃	支払家賃	6,000					

	支 払 利 息		
	2,400	3/31 損　益	2,400

	支 払 家 賃		
	6,000	3/31 損　益	6,000

　このように，収益や費用の勘定残高の振替については，損益勘定の摘要欄は，相手勘定科目が2つ以上あっても，「諸口」としないで，個別に記入する。

（2）純損益の繰越利益剰余金勘定（純資産）への振替

　損益勘定の貸方合計は，一会計期間の収益総額であり，借方合計は費用総額である。したがって，損益勘定の残高は当期純損益を表す。すなわち，損益勘定の貸方残高は当期純利益，借方残高は当期純損失である。純利益の発生は純資産の増加を意味するが，株式会社の場合は，当期純利益は資本金勘定とは区別し，損益勘定の貸方から，**繰越利益剰余金勘定**の貸方へ振り替える。ただし，純損失が発生した場合は，損益勘定の借方残高を繰越利益剰余金勘定の借方に振り替えるとともに，損益勘定の貸方に記入する。このための決算振替仕訳は次のとおりである。

　当期純利益の場合：（借方）損　　　　　益　×××　（貸方）繰越利益剰余金　×××
　当期純損失の場合：（借方）繰越利益剰余金　×××　（貸方）損　　　　　益　×××

　例題7.1 の秋田株式会社の例において，損益勘定残高の振替とその締め切りを示すと次のようになる。

　　（借方）損　　益　42,000　　（貸方）繰越利益剰余金　42,000

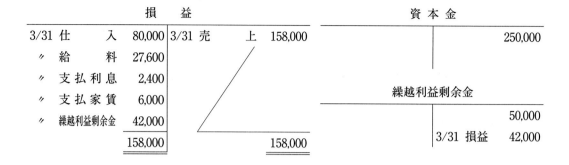

	損 益				資 本 金	
3/31 仕　　　　入	80,000	3/31 売　　　上	158,000			250,000
〃　給　　料	27,600					
〃　支 払 利 息	2,400				繰越利益剰余金	
〃　支 払 家 賃	6,000					50,000
〃　繰越利益剰余金	42,000				3/31 損益	42,000
	158,000		158,000			

（3）資産・負債・純資産の諸勘定の締め切り

　資産・負債・純資産の諸勘定の残高は，実在高を示すものであるから，これらの残高は次期に繰越すこととなる。資産・負債・純資産の諸勘定は，仕訳帳で決算振替仕訳は行わないで，元帳上で勘定の締め切りを行う。資産の諸勘定残高は借方であるから，貸方に「**次期繰越**」として朱字で記入し，借方と貸方の金額を一致させて勘定を締め切る。負債・純資産の諸勘定残高は貸方であるので，借方に「**次期繰越**」として朱字で記入し，借方と貸方の金額を一致させて勘定を締め切る。これを**繰越記入**という。また，決算日の翌日の日付けで次期繰越とは反対側に「**前期繰越**」として残高の繰越記入をする。これを**開始記入**という。

　例題 7.1 を例とすれば，次のようになる。

	現 金				売 掛 金		
	420,000		222,000		144,000		120,000
	120,000		33,600		96,000	3/31 次期繰越	120,000
	12,000		2,400		240,000		240,000
	234,000		24,000	4/1 前期繰越	120,000		
		3/31 次期繰越	504,000				
	786,000		786,000				
4/1 前期繰越	504,000						

	備 品				買 掛 金		
	42,000	3/31 次期繰越	42,000		180,000		276,000
4/1 前期繰越	42,000			3/31 次期繰越	228,000		132,000
					408,000		408,000
						4/1 前期繰越	228,000

借入金

借方			貸方	
	24,000			120,000
3/31 次期繰越	96,000			
	120,000			120,000
			4/1 前期繰越	96,000

資本金

借方			貸方	
3/31 次期繰越	250,000			250,000
			4/1 前期繰越	250,000

繰越利益剰余金

借方			貸方	
3/31 次期繰越	92,000			50,000
			3/31 損 益	42,000
	92,000			92,000
			4/1 前期繰越	92,000

（4）仕訳帳の締め切りと開始記入

　仕訳帳は，期中の取引の記入が終了したときに，貸借合計額を計算していったん締め切り，決算仕訳が終了したとき，もう一度決算仕訳についての貸借合計額を計算して締め切る。また，次期の最初の日付で，仕訳帳の摘要欄の1行目に，前期繰越高と記入し，繰越試算表の合計額を借方・貸方欄に記入する。これを**開始記入**という。

仕訳帳

20X2年		摘　　　要	元丁	借　　方	貸　　方
4	1	前期繰越高		666,000	666,000

（5）繰越試算表の作成

　資産・負債・純資産の各勘定を締め切ったあと，各勘定の次期繰越高を集めて作成されるものが**繰越試算表**と呼ばれるものである。繰越試算表は，仕訳を通さず，資産勘定，負債勘定，純資産勘定を締め切ったため，元帳の残高記入が正確に行われているかどうかを検証するために作成される。

　例題7.1の秋田株式会社の繰越試算表を作成すると，以下のとおりとなる。

繰越試算表
20X3 年 3 月 31 日

借　方	勘定科目	貸　方
504,000	現　　金	
120,000	売　掛　金	
42,000	備　　品	
	買　掛　金	228,000
	借　入　金	96,000
	資　本　金	250,000
	繰越利益剰余金	92,000
666,000		666,000

4．損益計算書・貸借対照表の作成

　決算手続きが終了すると，損益計算書および貸借対照表が作成される。損益計算書は，収益，費用の諸勘定を集計した**損益勘定**に基づいて作成される。貸借対照表は，資産・負債・純資産の各勘定の次期繰越額が示されている**繰越試算表**に基づいて作成される。損益計算書は，利益の源泉としてどのような収益をどれだけ得たか，費用がどれくらいかかったかを示す計算書であり，貸借対照表は，決算日時点における資産，負債，純資産がどれくらいなのか，企業の財政状態を示す計算書である。

　秋田株式会社の損益勘定および繰越試算表から損益計算書および貸借対照表を作成すると以下のようになる。

損 益 計 算 書
秋田株式会社　　20X2 年 4 月 1 日から 20X3 年 3 月 31 日まで

費　　用	金　　額	収　　益	金　　額
仕　　入	80,000	売　　上	158,000
給　　料	27,600		
支 払 利 息	2,400		
支 払 家 賃	6,000		
当 期 純 利 益	**42,000**		
	158,000		158,000

貸借対照表

秋田株式会社　　　　　　　　　　20X3 年 3 月 31 日

資　産	金　額	負債・純資産	金　額
現　　金	504,000	買　掛　金	228,000
売　掛　金	120,000	借　入　金	96,000
備　　品	42,000	資　本　金	250,000
		繰越利益剰余金	92,000
	666,000		666,000

【練習問題】

問題 8 − 1　福島株式会社の 20X3 年 3 月 31 日における収益および費用の諸勘定残高は以下のとおりである。次の決算仕訳を示しなさい。

① 収益の諸勘定残高を損益勘定に振り替える仕訳

② 費用の諸勘定残高を損益勘定に振り替える仕訳

③ 損益勘定で計算された当期純利益を繰越利益剰余金勘定に振り替える仕訳

〈勘定残高〉

売　　　　上	¥1,570,000	受取手数料	¥60,000
仕　　　　入	¥700,000	給　　　料	¥600,000
支 払 家 賃	¥210,000	広 告 料	¥45,000
雑　　　　費	¥28,000		

	借方科目	金　額	貸方科目	金　額
①				
②				
③				

問題 8-2 次の資産，負債，純資産の勘定を締め切り，繰越試算表を作成しなさい。ただし，決算日は 20X3 年 3 月 31 日である。

現　金　　　　　　1	
204,000	72,000

普通預金　　　　　2	
252,000	96,000

買　掛　金　　　　3	
60,000	156,000

資　本　金　　　　4	
	170,000

繰越利益剰余金　　5	
	10,000
	12,000

繰　越　試　算　表
20X3 年 3 月 31 日

借　方	元丁	勘定科目	貸　方

参考文献

中村　忠. 2013. 『新訂　現代簿記（第5版）』白桃書房.

岡本治雄・丸山由喜・中島真澄・鈴木昭一. 2000. 『企業簿記の原理』第3版, 中央経済社.

Pacioli, Luca, d. ca. 1514. ルカ・パチョーリ『算術・幾何・比及び比例全書』.

渡部裕亘・片山　覚・北村敬子. 2023. 『検定　簿記講義　商業簿記3級』, 中央経済社.

Buffett, W. E. 2015. *Accounting is the language of business, Accounting Internal Controls.* https://accountinginternalcontrols.com/accounting-language-of-business/https://www.youtube.com/watch?v=rV3Etfww7EQ&t=22s

Weygrandt, J. J., P. D. Kimmel, D. E. Kieso. 2013 *Accounting Principle Thirteenth Edition,* John Wiley & Sons.

第2編

主要科目の取引と記帳

第 9 章 現金・預金

1．現　　金

　簿記上の現金とは，一般にいう現金と少し違いがある。一般に現金といわれているものは通貨であり，紙幣および硬貨のことをいう。しかし，簿記上の現金とは，通貨及び**通貨代用証券**である。通貨代用証券とは，金融機関等の窓口に持参すれば，すぐに換金できるものをいい，主に次のようなものがあり簿記上は現金として取り扱われるのである。

①　他人振出の小切手

②　送金小切手

③　為替証書

　したがって，通貨代用証券を受け取ったときは，現金が増えたことになり現金勘定の借方に記入する。また，通貨代用証券で支払ったときは，現金が減ったことになり現金勘定の貸方に記入する。

例題 **9.1**

次の取引を仕訳しなさい。

①　得意先山形商店株式会社から売掛金の回収として，同社振出の小切手￥50,000 を受け取った。

②　仕入先宮城商店株式会社に対する買掛金￥50,000 を上記山形商店株式会社振出の小切手で支払った。

解　答

①　（借方）現　　　　　金　50,000　　　（貸方）売　　掛　　金　50,000

②　（借方）買　掛　　金　50,000　　　（貸方）現　　　　　金　50,000

2．現金過不足

　現金は，日常的に受け払いが行われるので紛失や記帳もれが生じやすい。そのために，現金の実際有高と帳簿残高が一致しないことがおこる。そこで，両者が一致しないときは，その差額を**現金過不足勘定**で処理し，現金の帳簿残高を実際有高に修正することになる。

（1）現金の実際有高が帳簿残高より少ない場合

　実際有高が帳簿残高より少ない場合（現金不足）は，現金の実際有高と帳簿残高を一致させるために，不足額を現金勘定の貸方と現金過不足勘定の借方に記入する。

　その後，現金不足の原因を調査し，期中に原因が判明した金額は，原因となった勘定の借方と現金過不足勘定の貸方に記入する。

　また，期末までに現金不足の原因が不明だった場合は，決算において，原因不明の金額（現金過不足勘定の借方残高）は**雑損勘定**（費用）の借方と現金過不足勘定の貸方に記入する。

不足発見時	（借方）現金過不足 ××	（貸方）現　　　　金 ××
原因判明時	（借方）○　○　○ ××	（貸方）現金過不足 ××
決　算　日	（借方）雑　　　損 ××	（貸方）現金過不足 ××

例題 9.2

次の一連の取引を仕訳しなさい。
① 現金の実際有高は¥42,000，帳簿残高は¥46,000であった。
② ①の調査の結果，¥3,500は郵便切手代の記入もれであった。
③ 決算となり，残りは原因不明なので，雑損とした。

解　答

①	（借方）現　金　過　不　足	4,000	（貸方）現　　　　　　　金	4,000
②	（借方）通　　信　　費	3,500	（貸方）現　金　過　不　足	3,500
③	（借方）雑　　　　損	500	（貸方）現　金　過　不　足	500

（2）現金の実際有高が帳簿残高よりも多い場合

　実際有高が帳簿残高より多い場合（現金過剰）は，現金の実際有高と帳簿残高を一致させるために，過剰額を現金勘定の借方と現金過不足勘定の貸方に記入する。

　その後，現金過剰の原因を調査し，期中に原因が判明した金額は，原因となった勘定の貸方と現金過不足勘定の借方に記入する。

　また，期末までに現金過剰の原因が不明だった場合は，決算において，原因不明の金額（現金過不足勘定の貸方残高）は**雑益勘定**（収益）の貸方と現金過不足勘定の借方に記入する。

過剰発見時	（借方）現　　　　金 ××	（貸方）現金過不足 ××
原因判明時	（借方）現金過不足 ××	（貸方）○　○　○ ××
決　算　日	（借方）現金過不足 ××	（貸方）雑　　　益 ××

例題 9.3

次の一連の取引を仕訳しなさい。
① 現金の実際有高は¥58,000, 帳簿残高は¥53,000 であった。
② ①の調査の結果, ¥4,000 は受取手数料の記入もれであった。
③ 決算となり, 残りは原因不明なので, 雑益とした。

解 答

①	（借方）現 金	5,000	（貸方）現 金 過 不 足	5,000
②	（借方）現 金 過 不 足	4,000	（貸方）受 取 手 数 料	4,000
③	（借方）現 金 過 不 足	1,000	（貸方）雑 益	1,000

（3）決算時に現金過不足が生じた場合

決算時に現金過不足が生じた場合は, 現金過不足勘定を用いずに, 原因が判明した金額は原因となった勘定に記入し, 原因が不明の金額は雑益勘定・雑損勘定に記入する。

例題 9.4

次の取引を仕訳しなさい。
① 決算において, 現金の帳簿残高¥35,000, 実際有高¥33,500 であり, 原因は通信費の記帳もれであった。
② 決算において, 現金の帳簿残高¥25,000, 実際有高¥27,000 であり, 原因は不明なため適当な科目で処理した。

解 答

①	（借方）通 信 費	1,500	（貸方）現 金	1,500
②	（借方）現 金	2,000	（貸方）雑 益	2,000

3．現金出納帳

現金出納帳は, 現金に関する取引の明細を記入する補助簿である。現金の増加は収入欄に, 現金の減少は支出欄に記入し, その都度残高を示す。そして, 最終の残高を支出欄に朱記し, 収入欄と支出欄の合計の一致を確認して締め切る。なお, 補助簿の締め切りは, 通常1カ月などの短い期間で行われる。

例題 9.5

次の一連の取引を現金出納帳に記入し，締め切りなさい。
6月1日　現金の前月繰越額は￥35,000である。
　　8日　石川商店株式会社に対する売掛金￥24,000について，同社振出の小切手で受け取った。
　　15日　長野商店株式会社から商品￥27,000を仕入れ，代金は現金で支払った。
　　23日　富山商店株式会社に対する買掛金￥15,000を現金で支払った。

現 金 出 納 帳　　　　　　　　1

20X0年		摘　　要	収　入	支　出	残　高
6	1	前月繰越	35,000		35,000

解　答

現 金 出 納 帳　　　　　　　　1

20X0年		摘　　要	収　入	支　出	残　高
6	1	前月繰越	35,000		35,000
	8	石川商店株式会社から売掛金回収（小切手受取）	24,000		59,000
	15	長野商店株式会社から商品仕入		27,000	32,000
	23	富山商店株式会社に買掛金支払		15,000	17,000
	30	**次月繰越**		**17,000**	
			59,000	59,000	
7	1	前月繰越	17,000		17,000

4．預　金

（1）当座預金

　企業は，多額の現金をもっていると盗難や紛失の恐れがあるので，銀行などの金融機関に預け入れる。これらの銀行預金のうち，代金の決済のために主に用いられるものが当座預金である。

当座預金は，銀行と当座取引契約を結ぶことにより口座が開設される。

この当座預金口座に通貨や通貨代用証券を預け入れたり，振り込みによる送金があった場合には，当座預金が増加するので**当座預金勘定**（資産）の借方に記入する。

また，当座預金の特徴は，預金の引き出しに小切手が用いられることである。企業は，代金の決済のために現金による支払いに代えて小切手を振り出す。銀行等は，窓口に小切手が持参されると小切手に記載されている金額を小切手の振出人の口座から引き出して持参人に支払う。

このように，小切手により当座預金が引き出されるのは，銀行等に小切手が提示された時であるが，簿記では，振出人が小切手を振り出したときに当座預金が減少したものとする。したがって，小切手を振り出したり，自動引き落としにより引き出された時は，当座預金が減少するので当座預金勘定の貸方に記入する。

例題 9.6

次の取引を仕訳しなさい。
① 青森商店株式会社は，銀行と当座取引契約を結び，現金 ¥50,000 を預け入れた。
② 青森商店株式会社は，山形商店株式会社から商品 ¥30,000 を仕入れ，代金は小切手を振り出して支払った。
③ 得意先宮城商店株式会社から売掛金 ¥20,000 が振り込まれ，銀行から当座預金口座に入金された旨の連絡を受けた。
④ 今月分の電話料金 ¥15,000 が当座預金口座から引き落とされたことを確認した。

解　答

①	（借方）当　座　預　金	50,000	（貸方）現　　　　　金	50,000
②	（借方）仕　　　　　入	30,000	（貸方）当　座　預　金	30,000
③	（借方）当　座　預　金	20,000	（貸方）売　　掛　　金	20,000
④	（借方）通　　信　　費	15,000	（貸方）当　座　預　金	15,000

なお，他人が振り出した小切手を受け取った場合は，他人振出小切手に該当するので通貨代用証券として現金の増加となるが，受け取った小切手をただちに当座預金に預け入れた場合は当座預金の増加として当座預金勘定の借方に記入する。

また，かつて当社が振り出した小切手が，銀行等で換金されずに取引先を通じて当店に戻ってきた場合は，自己振出小切手を受け取ったとして，当座預金勘定の借方に記入する。

例題 9.7

次の取引を仕訳しなさい。
① 福島商店株式会社は，青森商店株式会社から売掛金￥30,000 を青森商店株式会社振出の小切手で受け取り，ただちに当座預金に預け入れた。
② 福島商店株式会社は，山形商店株式会社から売掛金￥20,000 をかつて福島商店株式会社が振り出した小切手で受け取った。

解　答

① （借方）当　座　預　金　30,000　　　（貸方）売　　　掛　　　金　30,000
② （借方）当　座　預　金　20,000　　　（貸方）売　　　掛　　　金　20,000

（2）当座借越

　小切手は，当座預金残高を超えて振り出すことはできないが，銀行等と当座借越契約を結ぶことにより，借越限度額までは小切手を振り出すことが可能になる。

　すなわち，企業が当座預金残高を超える金額の小切手を振り出した場合に，その残高不足分を借越限度額の範囲内で銀行等から借り入れることができ，支払いが行われるのである。これを当座借越といい，小切手を振り出した時に当座預金勘定の貸方に記入し，その結果，当座預金勘定が貸方残高になり負債を示すことになる。

　なお，期末において当座預金勘定が貸方残高の場合は，決算で貸方残高の金額を当座預金勘定の借方と**当座借越**勘定（負債）の貸方に記入する。

決　算　日	（借方）当 座 預 金　××　　　（貸方）当 座 借 越　××

　そして，翌期首には，当座借越の金額を当座借越勘定の借方と当座預金勘定の貸方に記入し，当座預金勘定を貸方残高に戻す。

翌　期　首	（借方）当 座 借 越　××　　　（貸方）当 座 預 金　××

例題 9.8

次の取引を仕訳しなさい。

① 決算において，当座預金勘定の貸方残高¥30,000を当座借越勘定に振り替えた。

② ①の翌期首において，当座借越勘定の残高を再び当座預金勘定に振り替えた。

解　答

① （借方）当 座 預 金　30,000	（貸方）当 座 借 越　30,000
② （借方）当 座 借 越　30,000	（貸方）当 座 預 金　30,000

（3）その他の預金

　預金には，当座預金のほかに普通預金，定期預金などがあり，**普通預金勘定**（資産），**定期預金勘定**（資産）を設けて処理する。

例題 9.9

次の取引を仕訳しなさい。

① 埼玉商店株式会社から，売掛金¥80,000を回収し，普通預金に預け入れた。

② 給料¥50,000を普通預金から従業員の口座へ振り込んだ。

解　答

① （借方）普 通 預 金　80,000	（貸方）売 　 掛 　 金　80,000
② （借方）給 　 　 　 料　50,000	（貸方）普 通 預 金　50,000

（4）複数の銀行預金口座の開設

　企業が預金について，複数の銀行口座を開設している場合には，預金の種類に銀行名を合わせた勘定科目を設定して，口座ごとに管理することができるようにする。

例題 9.10

　次の取引を仕訳しなさい。なお，当社は預金の種類と銀行名を合わせた勘定科目を用いて記帳している。

① 買掛金¥130,000を，甲銀行の普通預金口座から振り込んだ。

② 売掛金¥200,000が，乙銀行の当座預金口座に振り込まれた。

解　答

① （借方）買 　 掛 　 金　130,000	（貸方）普通預金甲銀行　130,000
② （借方）当座預金乙銀行　200,000	（貸方）売 　 掛 　 金　200,000

5．当座預金出納帳

　当座預金出納帳は，当座預金に関する取引の明細を記入する補助簿である。記入や締め切りは，現金出納帳とほぼ同じであるが，「借／貸」の欄は，当座預金残高がある場合は「借」，当座借越残高がある場合は「貸」と記入する。

例題 9.11

　次の一連の取引を当座預金出納帳に記入し，締め切りなさい。なお，当店は，取引銀行と当座借越契約を結んでいる（借入限度額￥200,000）。
　7月1日　当座預金の前月繰越額は￥55,000 である。
　　9 日　京都商店株式会社から商品￥38,000 を仕入れ，代金は小切手を振り出して支払った。
　　14 日　兵庫商店株式会社に対する買掛金￥20,000 について，小切手を振り出して支払った。
　　25 日　大阪商店株式会社に対する売掛金￥32,000 について，同社振出の小切手で受け取り，ただちに当座預金口座に預け入れた。

当 座 預 金 出 納 帳　　　　　　　　　1

20X0 年		摘　　　要	預　入	引　出	借または貸	残　高
7	1	前月繰越	55,000		借	55,000

解　答

当 座 預 金 出 納 帳　　　　　　　　　1

20X0 年		摘　　　要	預　入	引　出	借または貸	残　高
7	1	前月繰越	55,000		借	55,000
	9	京都商店株式会社から仕入		38,000	〃	17,000
	14	兵庫商店株式会社へ買掛金支払		20,000	貸	3,000
	25	大阪商店株式会社から売掛金回収	32,000		借	29,000
	31	**次月繰越**		**29,000**		
			87,000	87,000		
8	1	前月繰越	29,000		借	29,000

6．小口現金

　企業は，盗難等のリスクを回避するために現金を当座預金などに預け入れる。しかし，日常的に生じる少額の支払いをするためには，一定額の現金を手許に残しておかなければならず，これを小口現金という。

　小口現金を企業内部で合理的に活用するために，その取り扱いに制度を設けることがある。企業の規模が大きくなるとさまざまな部署が設けられ，各部署で生じる少額の経費の支払いにその都度経理部が対応するのでは，経理部の事務負担が大きくなってしまう。そこで，各部署ごとに用度係（小口現金係）を決めて，各部署に小口現金を前渡しして管理・支払いをさせ，一定期間ごとに支払内容の報告を会計係（経理部）にさせることで合理化を図るのである。

　小口現金を制度化する場合，その管理運用面から前渡しする額を一定額とする**定額資金前渡法**（インプレストシステム）がとられる。

　定額資金前渡法がとられた場合の処理は，以下の流れによる。

（1）会計係が小口現金を小切手で用度係に前渡しした時に，その金額を**小口現金勘定**（資産）の借方に記入する。

（2）用度係は小口現金で少額経費を支払ったときは，その内容・金額を小口現金出納帳に記入する。この時点では会計係は支払いの事実を把握できないので処理は行わない。

（3）一定期間（1週間，1ヵ月等）経過した後，会計係は用度係に小口現金の支払明細を報告させ，支払額を小口現金勘定の貸方に記入するとともに，各費用の勘定の借方に記入する。

（4）会計係は用度係に，報告された支払額と同額の小切手を振り出して補給した時に，その金額を小口現金勘定の借方に記入する。

前 渡 時	（借方）小 口 現 金　××　　（貸方）当 座 預 金　××
報 告 時	（借方）○ ○ ○　××　　（貸方）小 口 現 金　×× 　　　　　△ △ △　××
補 給 時	（借方）小 口 現 金　××　　（貸方）当 座 預 金　××

次の一連の取引を仕訳しなさい。

10月1日　用度係に小口現金として小切手￥20,000を振り出して渡した。

　　　　　なお，当店は定額資金前渡法を採用している。

　　3日　用度係がタクシー代￥3,000を小口現金で支払った。

　　7日　用度係から今週の支払いについて以下の報告を受けた。

　　　　　交通費￥5,500，消耗品費￥4,000，雑　費￥3,500

　　8日　用度係に小切手￥13,000を振り出して補給した。

解　答

10月1日	（借方）小　口　現　金	20,000	（貸方）当　座　預　金	20,000
3日	仕訳なし			
7日	（借方）交　通　費	5,500	（貸方）小　口　現　金	13,000
	消　耗　品　費	4,000		
	雑　費	3,500		
8日	（借方）小　口　現　金	13,000	（貸方）当　座　預　金	13,000

　なお，10月7日の報告を受けた時に，ただちに小切手を振り出して補給した場合は，報告と補給が同時なので以下の処理を行い小口現金は増減させない。

（借方）交　通　費	5,500	（貸方）当　座　預　金	13,000
消　耗　品　費	4,000		
雑　費	3,500		

7．小口現金出納帳

　小口現金出納帳は，用度係が小口現金の支払いの明細を記録するための補助簿である。小口現金出納帳では，支払いの都度支払欄にその金額を記入するとともに，内訳欄に設けられている各費用の勘定科目のうち，支払内容に該当する欄にも同額の記入を行う。そして，一定期間の末日に内訳欄の各費用の金額を集計して，費用ごとの合計額を会計係に報告するのである。

例題 9.13

次の一連の取引を小口現金出納帳に記入し，締め切りなさい。

10月 1日 会計係から今週分の小口現金として小切手￥20,000を受け取った。

　　 2日 タクシー代￥3,000を支払った。

　　 3日 電車賃￥2,500を支払った。

　　 4日 文房具代￥2,800を支払った。

　　 5日 新聞代￥3,500を支払った。

　　 6日 コピー用紙代￥1,200を支払った。

　　 7日 会計係に今週分の使用明細を報告し，小切手￥13,000を受け取った。

小 口 現 金 出 納 帳　　　　　　　　1

受　　入	20X0年		摘　　　要	支　　払	内　　　　　訳		
					交通費	消耗品費	雑　　費

小 口 現 金 出 納 帳　　　　1

受　入	20X0年		摘　　要	支　払	内　　訳		
					交通費	消耗品費	雑　費
20,000	10	1	小切手受入				
		2	タクシー代	3,000	3,000		
		3	電車賃	2,500	2,500		
		4	文房具代	2,800		2,800	
		5	新聞代	3,500			3,500
		6	コピー用紙代	1,200		1,200	
			合　　計	13,000	5,500	4,000	3,500
13,000		7	本日補給				
		〃	**次週繰越**	**20,000**			
33,000				33,000			
20,000	10	8	前週繰越				

【練 習 問 題】

問題 9 − 1　次の取引を仕訳しなさい。

（1）大阪商店株式会社より売掛金の回収として，同社振出の小切手￥50,000 を受け取った。

（2）山口商店株式会社よりの受取手数料として，￥20,000 の送金小切手が送られてきた。

（3）広島商店株式会社に対する買掛金￥30,000 について，￥20,000 は上記の送金小切手で支払い，残額は現金で支払った。

（4）福岡商店株式会社から商品￥25,000 を仕入れ，代金のうち￥10,000 については，かねて受け取っていた為替証書で支払い，残額は掛とした。

	借方科目	金　　額	貸方科目	金　　額
（1）				
（2）				
（3）				
（4）				

問題 9－2 次の取引を仕訳しなさい。

（1）現金の帳簿残高¥24,000，実際有高¥23,000 で，不一致の原因は不明である。

（2）（1）について，調査した結果，不一致の原因は郵便切手代¥1,000 の記入もれであった。

（3）現金の帳簿残高¥32,000，実際有高¥35,000 で，不一致の原因は不明である。

（4）（3）について，調査した結果，不一致の原因は受取手数料¥2,000 の記入もれであった。

（5）（3）について，原因不明額¥1,000 を決算で雑益として処理した。

（6）決算において，現金の帳簿残高¥15,000，実際有高¥12,000 であった。不足額のうち¥2,500 は，消耗品費の記帳もれであり，残額は不明だった。

	借方科目	金　額	貸方科目	金　額
（1）				
（2）				
（3）				
（4）				
（5）				
（6）				

問題 9－3 次の取引を現金出納帳に記入し，締め切りなさい。

4 月 1 日　前月繰越¥500,000

　　　 8 日　支払家賃として現金¥120,000 を支払った。

　　　12 日　埼玉商店株式会社より商品¥20,000 を仕入れ，代金は現金で支払った。

　　　20 日　千葉商店株式会社へ，原価¥50,000 の商品を¥65,000 で売り上げ，同社振出の小切手を受け取った。

　　　26 日　事務用の文房具代として，現金¥8,000 を支払った。

現　金　出　納　帳

20X0 年	摘　　要	収　入	支　出	残　高

問題 9 − 4 次の取引を仕訳しなさい。

（1）商品￥30,000 を仕入れ，代金は小切手を振り出した。

（2）現金￥100,000 を，取引銀行の当座預金口座に預け入れた。

（3）岡山商店株式会社より，受取手数料として同社振出の小切手￥50,000 を受け取った。

（4）島根商店株式会社へ，仕入原価￥25,000 の商品を￥30,000 で売り上げ，同社振出の小切手を受け取り，ただちに当座預金とした。

（5）取引銀行より当座預金に￥36,000 の振り込みがあった旨の通知を受けた。これは，広島商店株式会社に対する売掛金の回収であった。

（6）山口商店株式会社に対する買掛金￥100,000 について，￥40,000 を現金で支払い，残額を小切手を振り出して支払った。

	借方科目	金　　額	貸方科目	金　　額
（1）				
（2）				
（3）				
（4）				
（5）				
（6）				

問題 9 − 5 次の一連の取引を仕訳しなさい。

（1）長野商店株式会社から商品￥100,000 を仕入れ，代金は小切手を振り出して支払った。なお，当座預金勘定は借方残高￥150,000 であり，当社は借越限度額￥500,000 の当座借越契約を結んでいる。

（2）愛知商店株式会社から商品￥70,000 を仕入れ，代金は小切手を振り出して支払った。

（3）決算において，当座預金勘定の残高を当座借越勘定に振り替えた。

	借方科目	金　　額	貸方科目	金　　額
（1）				
（2）				
（3）				

問題 9－6 次の取引を仕訳しなさい。

（1）岡山銀行へ現金¥500,000を定期預金として預け入れた（期間6カ月，年利率3%）。

（2）上記定期預金が満期となり，利息とともに現金で受け取った。

（3）山口銀行へ現金¥80,000を普通預金として預け入れた。

（4）定期預金¥300,000が満期となり，利息¥16,000とともに普通預金に預け入れた。

	借方科目	金　額	貸方科目	金　額
（1）				
（2）				
（3）				
（4）				

問題 9－7 次の取引を仕訳しなさい。なお，当社は預金の種類と銀行名を合わせた勘定科目を用いて記帳している。

（1）現金¥500,000を甲銀行の普通預金口座に預け入れた。

（2）今月分の電話料金¥25,000が乙銀行の当座預金口座から引き落とされた。

（3）乙銀行の普通預金口座から同当座預金口座へ¥300,000を振り替えた。

	借方科目	金　額	貸方科目	金　額
（1）				
（2）				
（3）				

問題 9－8 次の一連の取引の仕訳をしなさい。

（1）定額資金前渡制（インプレスト・システム）を採用することになり，用度係へ小切手¥50,000を振り出して渡した。

（2）用度係から，次のように支払い報告を受けた。

　　　　通信費　　¥24,000　　　交通費　　¥12,600　　　雑　費　　¥7,400

（3）用度係へ，補給の小切手を振り出した。

	借方科目	金　額	貸方科目	金　額
（1）				
（2）				
（3）				

問題 9－9 次の取引を小口現金出納帳に記入し，締め切りなさい。なお，定額資金前渡制（インプレスト・システム）を用いている。

6月21日	事務用ファイル	￥2,800		6月24日	電話料金支払	￥9,200
22日	お茶買入	￥3,700		25日	伝票買入	￥1,900
〃	郵便切手買入	￥2,500		26日	水道料金支払	￥5,800
23日	ガス料金支払	￥7,900		〃	補給小切手受入	

小　口　現　金　出　納　帳   1

受　入	20X0年		摘　要	支　払	内　　訳			
					通信費	水道光熱費	消耗品費	雑　費
40,000	6	21	前週繰越					
			合　　計					
			本日補給					
		27	次週繰越					
	6	28	前週繰越					

問題 9-10　次の当座預金照合表から9月20日から9月25日までの仕訳をしなさい。

　　取引銀行のインターネットバンキングサービスから当座預金照合表（入出金明細）を入手したところ，次のとおりであった。なお，埼玉商店株式会社および千葉商店株式会社はそれぞれ当社の商品の取引先であり，掛代金を当座預金で決済している。

×年10月5日

当座預金照合表

東京株式会社　様

○○銀行△△支店

取引日	適　　用	お支払金額	お預り金額	取引残高
9/20	融資ご返済	200,000		
9/20	融資お利息	1,600		
9/21	お振込　埼玉商店株式会社	400,000		省
9/21	お振込手数料	330		略
9/23	お振込　千葉商店株式会社		700,000	
9/25	手形引落（No.240）	500,000		

取引日	借方科目	金　　額	貸方科目	金　　額
9/20				
9/21				
9/23				
9/25				

第 10 章　商品売買

1．三分法

　商品売買に関する取引を処理する方法として，三分法があげられる。

　三分法とは，商品売買取引を**繰越商品勘定**（資産），**仕入勘定**（費用），**売上勘定**（収益）の３つの勘定により処理する方法である。

　繰越商品勘定には，前期から繰り越されてきた期首の在庫商品の原価を記入したり，次期に繰り越す期末の在庫商品の原価を記入する。商品を仕入れたときは，その商品の原価を仕入勘定の借方に記入する。商品を売り上げたときは，その商品の売価を売上勘定の貸方に記入する。

仕　入　時	（借方）仕　　　　　入　　××　　　　（貸方）○　○　○　　　××
売　上　時	（借方）○　○　○　　××　　　　（貸方）売　　　　　上　　××

例題 10.1

次の一連の取引を三分法で仕訳しなさい。
① 商品￥50,000 を仕入れ，代金は現金で支払った。
② ①の商品を￥70,000 で売却し，代金は同社振出の小切手で受け取った。

解　答

①	（借方）仕	入	50,000	（貸方）現	金	50,000
②	（借方）現	金	70,000	（貸方）売	上	70,000

※参考　分記法

　分記法とは，商品売買取引を**商品勘定**（資産）と**商品売買益勘定**（収益）の２つの勘定により処理する方法である。

　商品を仕入れたときは，その商品の原価を商品勘定の借方に記入する。商品を売り上げたときは，その商品の原価を商品勘定の貸方に記入するとともに，その商品の売価と原価の差額を商品売買益勘定の貸方に記入する。

　分記法によれば，販売時点で商品売買益を把握できるが，販売の都度売上原価を調べな

ければならないので，手間がかかる。

仕 入 時	（借方）商　　　品	××	（貸方）○　○　○	××
売 上 時	（借方）○　○　○	××	（貸方）商　　　品	××
			商品売買益	××

例題 10.2

次の一連の取引を分記法で仕訳しなさい。
① 商品¥50,000 を仕入れ，代金は現金で支払った。
② ①の商品を¥70,000 で売却し，代金は同社振出の小切手で受け取った。

解　答

①	（借方）商　　　品	50,000	（貸方）現　　　金	50,000
②	（借方）現　　　金	70,000	（貸方）商　　　品	50,000
			商 品 売 買 益	20,000

2．引取運賃と発送費

　商品売買によって商品が移動する際には，いろいろと費用がかかる。商品を仕入れるときには，運送業者に引取運賃を支払うことがある。また，商品を販売するときにも梱包のための荷造費や発送運賃を支払う。これらの費用を諸掛りといい，商品の仕入れにかかる費用を仕入諸掛り，商品の販売に係る費用を売上諸掛りという。

（1）引取運賃等（仕入諸掛り）を支払った場合

　商品を仕入れるときに引取運賃等を支払った場合，それを当社が負担すべき契約になっているときは，支払額を仕入れた商品の原価に算入しなければならない。また，それを先方（取引相手）が負担すべき契約になっているときは，一時的な立替払いなので，**立替金勘定**（資産）の借方に記入する。

掛仕入¥500，運賃¥20 現金払い

当社負担	（借方）仕　　　入	520	（貸方）買 掛 金	500
			現　　　金	20
先方負担	（借方）仕　　　入	500	（貸方）買 掛 金	500
	立 替 金	20	現　　　金	20

例題 10.3

次の取引を仕訳しなさい。
① 埼玉商店株式会社から商品¥50,000を仕入れ，代金は掛とした。なお，引取運賃¥2,000を現金で支払った。
② 栃木商店株式会社から商品¥60,000を仕入れ，代金は掛とした。なお，栃木商店株式会社負担の運賃¥3,000を現金で立替え払いした。

解　答

①	（借方）仕			入	52,000	（貸方）買	掛	金	50,000
						現		金	2,000
②	（借方）仕			入	60,000	（貸方）買	掛	金	60,000
	立	替	金		3,000	現		金	3,000

②別解

	（借方）仕			入	60,000	（貸方）買	掛	金	57,000
						現		金	3,000

（2）発送費（売上諸掛り）を支払った場合

　商品を販売するときに発送運賃等を支払った場合，その支払額は費用として**発送費勘定**（費用）の借方に記入する。

掛売上¥600，運賃¥50現金払い

（借方）売	掛	金	600	（貸方）売		上	600
発	送	費	50	現		金	50

例題 10.4

次の取引を仕訳しなさい。
① 群馬商店株式会社に商品¥100,000を売り上げ，代金は掛とした。なお，発送運賃¥6,000を現金で支払った。
② 千葉商店株式会社へ商品¥80,000に発送費用¥4,000を加えた合計額で販売し，代金は掛とした。なお，運送業者に商品を渡し，運賃¥4,000を現金で支払った。

①	（借方）売	掛	金	100,000	（貸方）売		上	100,000
	発	送	費	6,000	現		金	6,000
②	（借方）売	掛	金	84,000	（貸方）売		上	84,000
	発	送	費	4,000	現		金	4,000

3．返　品

　商品の品違い，汚れ，傷などにより，商品を返送したり返送されたりすることを返品といい，仕入れた商品を返送することを仕入返品（戻し），また売り上げた商品が返送されることを売上返品（戻り）という。

（1）仕入返品（戻し）

　仕入れた商品について返品した場合には，返品した商品分の仕入れを取り消すために，仕入れたときの貸借逆の仕訳（逆仕訳）を行う。

掛仕入時	（借方）仕　　　　入　　××　　　　　（貸方）買　掛　金　　××
返 品 時	（借方）買　掛　金　　××　　　　　（貸方）仕　　　　入　　××

（2）売上返品（戻り）

　売り上げた商品について返品された場合には，返品された商品分の売り上げを取り消すために売り上げたときの貸借逆の仕訳（逆仕訳）を行う。

掛売上時	（借方）売　掛　金　　××　　　　　（貸方）売　　　　上　　××
返 品 時	（借方）売　　　　上　　××　　　　　（貸方）売　掛　金　　××

例題 10.5

　次の取引を仕訳しなさい。
　①　かねて掛で仕入れた商品￥30,000 のうち，品違いのため￥10,000 を返品した。
　②　かねて掛で売り上げた商品￥50,000 のうち，品違いのため￥20,000 が返品された。

解　答

①	（借方）買	掛	金	10,000	（貸方）仕		入	10,000
②	（借方）売		上	20,000	（貸方）売	掛	金	20,000

4．仕　入　帳

仕入帳は，仕入取引の明細を記録するための補助簿である。

仕入帳には，以下の内容が記入される。

① 摘要欄には，仕入先名，代金の決済方法，仕入れた商品の数量・単価を記入する。

② 内訳欄に，商品の種類別の金額，仕入諸掛りの金額を記入し，それらの合計額を金額欄に記入する。

③ 仕入戻しは，すべて朱記する。

④ 締め切りの際には，総仕入高・仕入戻し高・純仕入高を示す。

例題 10.6

次の一連の取引を仕入帳に記入し，締め切りなさい。

8月5日　大阪商店株式会社から，A商品100個（@¥50）およびB商品150個（@¥40）を仕入れ，代金は掛とした。

11日　5日仕入れた商品のうち，A商品10個が不良品であったため，大阪商店株式会社に返品した。

20日　京都商店株式会社からA商品100個（@¥45）を仕入れ，代金は掛とした。なお，仕入時に当店負担の引取運賃¥300を現金で支払った。

仕　入　帳　　　　　　　　　　　1

20X0 年	摘　要	内　訳	金　額

仕 入 帳　　　　　　　　　　　1

20X0 年		摘　　要		内　訳	金　額
8	5	大阪商店株式会社	掛		
		A商品　　100 個	@ ¥50	5,000	
		B商品　　150 個	@ ¥40	6,000	11,000
	11	**大阪商店株式会社**	**掛返品**		
		A商品　　10 個	**@ ¥50**		**500**
	20	京都商店株式会社	掛		
		A商品　　100 個	@ ¥45	4,500	
		引取運賃（現金払）		300	4,800
	31	総 仕 入 高			15,800
	〃	**仕 入 戻 し 高**			**500**
		純 仕 入 高			15,300

5．売 上 帳

売上帳は，売上取引の明細を記録するための補助簿である。

売上帳には，以下の内容が記入される。

① 摘要欄には，得意先名，代金の決済方法，売り上げた商品の数量・単価を記入する。

② 内訳欄に，商品の種類別の金額を記入し，それらの合計額を金額欄に記入する。売上諸掛りは費用になるので売上帳には記入されないことに注意が必要である。

③ 売上戻りは，すべて朱記する。

④ 締め切りの際には，総売上高・売上戻り高・純売上高を示す。

例題 10.7

次の一連の取引を売上帳に記入し，締め切りなさい。

9 月 8 日　山口商店株式会社にC商品60 個（@ ¥3,000）を売り上げ，代金は掛とした。

　　15 日　鳥取商店株式会社にC商品40 個（@ ¥3,500），D商品50 個（@ ¥2,000）を売り上げ，代金は掛とした。なお，売上時に当社負担の発送費¥2,000を現金で支払った。

　　23 日　15 日に売り上げた商品のうち，D商品3 個が返品された。

売　上　帳　　　　　　　　　　　　　　　　1

20X0年		摘　　要	内　訳	金　額

解　答

売　上　帳　　　　　　　　　　　　　　　　1

20X0年		摘　　要	内　訳	金　額
9	8	山口商店株式会社　　　　　　　掛		
		C商品　　60個　　＠￥3,000		180,000
	15	鳥取商店株式会社　　　　　　　掛		
		C商品　　40個　　＠￥3,500	140,000	
		D商品　　50個　　＠￥2,000	100,000	240,000
	23	鳥取商店株式会社　　　　　掛返品		
		D商品　　3個　　＠￥2,000		6,000
	30	総　売　上　高		420,000
	〃	売　上　戻　り　高		6,000
		純　売　上　高		414,000

６．商品有高帳

　商品有高帳は，商品の種類ごとに受け入れ・払い出しの都度，数量・単価・金額を記入し，残高の明細を示す補助簿である。

　商品有高帳には，以下の内容が記入される。

①　受入欄には，商品を仕入れたときに数量・単価・金額を記入する。

②　払出欄には，商品を売り上げたときに数量・単価・金額を記入する。なお，単価は売り上げた商品の原価を記入することに注意する。

③ 残高欄は，在庫品の数量・単価・金額を記入する。

④ 売上戻りは，商品が増加するので受入欄に記入し，仕入戻しは商品が減少するので払出欄に記入する。

商品の仕入単価が変動した場合は，払出単価の決定方法により記帳方法が変わることになる。ここでは，**先入先出法**と**移動平均法**をとりあげる。

先入先出法は，先に受け入れたものから順に払い出すものと仮定して払出単価を決定する方法である。したがって，単価の異なる商品を受け入れた場合には，単価ごとに区別しておかなければならない。

移動平均法は，単価の異なる商品を受け入れる都度平均単価を計算し，これを払出単価とする方法である。なお，平均単価は，直前の残高金額と受入金額の合計を直前の残高数量と受入数量の合計で除して求める。

例題 10.8

E商品に関する次の一連の取引を（1）先入先出法と（2）移動平均法によって商品有高帳に記入し，締め切りなさい。

9月 1日 前月繰越額は￥15,000（30個，@￥500）である。

9日 1個あたり￥800で10個売り上げた。

16日 1個あたり￥480で30個仕入れた。

27日 1個あたり￥780で30個売り上げた。

（1）先入先出法

商品有高帳　　　　　　　　　　　　　　　1

E商品　　　　　　　　　　（単位：個・円）

20X0年		摘　要	受　　入			払　　出			残　　高		
			数量	単価	金額	数量	単価	金額	数量	単価	金額
9	1	前月繰越	30	500	15,000				30	500	15,000

（2）移動平均法

商 品 有 高 帳

E商品　　　　　　　　　　　　　　　　　　　　　　（単位：個・円）

20X0年		摘　要	受　入			払　出			残　高		
			数量	単価	金額	数量	単価	金額	数量	単価	金額
9	1	前月繰越	30	500	15,000				30	500	15,000

解　答

（1）先入先出法

商 品 有 高 帳　　　　　　　　　　　　　　　　　　　　　　　　　　1

E商品　　　　　　　　　　　　　　　　　　　　　　（単位：個・円）

20X0年		摘　要	受　入			払　出			残　高		
			数量	単価	金額	数量	単価	金額	数量	単価	金額
9	1	前月繰越	30	500	15,000				30	500	15,000
	9	売　上				10	500	5,000	20	500	10,000
	16	仕　入	30	480	14,400				{20	500	10,000
									{30	480	14,400
	27	売　上				{20	500	10,000			
						{10	480	4,800	20	480	9,600
	30	**次月繰越**				**20**	**480**	**9,600**			
			60		29,400	60		29,400			
10	1	前月繰越	20	480	9,600				20	480	9,600

88

（2）移動平均法

商　品　有　高　帳

E商品

（単位：個・円）

20X0年		摘　要	受　入			払　出			残　高		
			数量	単価	金額	数量	単価	金額	数量	単価	金額
9	1	前月繰越	300	500	15,000				30	500	15,000
	9	売　　上				10	500	5,000	20	500	10,000
	16	仕　　入	30	480	14,400				50	488	24,400
	27	売　　上				30	488	14,640	20	488	9,760
	30	次月繰越				20	488	9,760			
			60		29,400	60		29,400			
10	1	前月繰越	20	488	9,760				20	488	9,760

7．三分法における商品売買益の計算

三分法では，一会計期間の商品売買益の金額は決算日にまとめて計算することになる。三分法による商品売買益の計算は，次の算式により行う。

> 商品売買益　＝　純売上高　－　売上原価
> （売上総利益）

売上原価とは，売り上げにより引き渡した商品の原価の合計額であり，一会計期間の売上原価は，次の算式により計算する。

> 売上原価　＝　期首商品棚卸高　＋　純仕入高　－　期末商品棚卸高
> 　　　　　　　（期首在庫）　　　　　　　　　　　（期末在庫）

決算日において，売上原価を帳簿上で示すためには，決算整理仕訳として，次の処理を行う。

（1）仕入勘定で売上原価を計算する場合

① 期首商品棚卸高を繰越商品勘定から仕入勘定に振り替えるために，期首商品棚卸高の金額を仕入勘定の借方と繰越商品勘定の貸方に記入する。

　　（借方）　仕　　入　×××　　（貸方）　繰越商品　×××

② 期末商品棚卸高を仕入勘定から繰越商品勘定に振り替えるために，期末商品棚卸高

の金額を繰越商品勘定の借方と仕入勘定の貸方に記入する。

（借方）繰越商品 ×××　　　（貸方）仕　　入 ×××

　①，②により，仕入勘定では算式通りの計算が行われて売上原価が示され，繰越商品勘定では期末在庫が示されることになる。

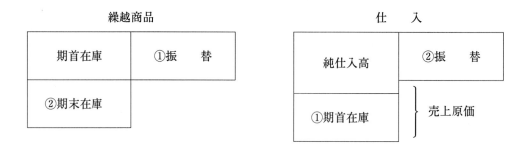

（2）売上原価勘定で売上原価を計算する場合
　①　期首商品棚卸高を売上原価勘定に振り替えるために，期首商品棚卸高の金額を売上原価勘定の借方と繰越商品勘定の貸方に記入する。

（借方）売上原価 ×××　　　（貸方）繰越商品 ×××

　②　当期の純仕入高を売上原価勘定に振り替えるために，純仕入高の金額を売上原価勘定の借方と仕入勘定の貸方に記入する。

（借方）売上原価 ×××　　　（貸方）仕　　入 ×××

　③　期末商品棚卸高を繰越商品勘定に振り替えるために，期末商品棚卸高の金額を繰越商品勘定の借方と売上原価勘定の貸方に記入する。

（借方）繰越商品 ×××　　　（貸方）売上原価 ×××

次の資料によって，仕入勘定で売上原価を計算する決算整理仕訳を行い，当期の売上原価および商品売買益の金額を計算しなさい。

資料　① 当期商品純売上高　　¥830,000

　　　② 商品棚卸高　　期首　¥43,000　　期末　¥35,000

　　　③ 当期商品純仕入高　　¥502,000

売上原価の計算		
期首商品棚卸高	¥	(　　　　　)
純 仕 入 高		(　　　　　)
計	¥	(　　　　　)
期末商品棚卸高		(　　　　　)
売 上 原 価	¥	(　　　　　)

商品売買益の計算		
純 売 上 高	¥	(　　　　　)
売 上 原 価		(　　　　　)
商 品 売 買 益	¥	(　　　　　)

解答

（借方）仕　　　　　　入　43,000　　　（貸方）繰　越　商　品　43,000

　　　　繰　越　商　品　35,000　　　　　　　仕　　　　　　入　35,000

売上原価の計算		
期首商品棚卸高	¥	(　43,000)
純 仕 入 高		(　502,000)
計	¥	(　545,000)
期末商品棚卸高		(　35,000)
売 上 原 価	¥	(　510,000)

商品売買益の計算		
純 売 上 高	¥	(　830,000)
売 上 原 価		(　510,000)
商 品 売 買 益	¥	(　320,000)

【練習問題】

問題 10−1　次の取引を三分法で仕訳しなさい。

（1）富山商店株式会社より，商品¥10,000 を仕入れ，代金は現金で支払った。

（2）上記商品を¥20,000 で売り上げ，代金は現金で受け取った。

（3）石川商店株式会社より，商品¥40,000 を仕入れ，代金は掛とした。

（4）上記商品を¥60,000 で売り上げ，代金は掛とした。

（5）福井商店株式会社より，商品¥30,000 を仕入れ，代金は小切手を振り出した。

（6）上記商品を¥40,000 で売り上げ，半額は現金で受け取り，残りは掛とした。

	借方科目	金　　額	貸方科目	金　　額
（1）				
（2）				
（3）				
（4）				
（5）				
（6）				

問題 10－2　次の取引を三分法で仕訳しなさい。

（1）秋田商店株式会社から商品¥100,000 を仕入れ，代金のうち¥30,000 は小切手を振り出して支払い，残額は掛とした。

（2）上記仕入商品に不良品があり，¥10,000 分を返品した。

（3）青森商店株式会社へ商品¥50,000 を売り上げ，代金は掛とした。

（4）上記売上商品のうち，¥20,000 分が品違いのため返品された。

（5）山形商店株式会社から商品¥70,000 を仕入れ，代金は掛とした。

（6）上記商品に品質不良のものがあり，¥5,000 分を返品した。

（7）岩手商店株式会社へ商品¥75,000 を売り上げ，代金のうち¥15,000 は現金を受け取り，残りは掛とした。

（8）上記商品に不良品があり，¥6,000 が返品された。

	借方科目	金　　額	貸方科目	金　　額
（1）				
（2）				
（3）				
（4）				
（5）				
（6）				
（7）				
（8）				

問題10-3 次の取引を三分法で仕訳しなさい。

（1）宮城商店株式会社から商品¥30,000を仕入れ，代金は掛とした。なお，引取運賃¥6,000を現金で支払った。

（2）福島商店株式会社へ商品¥84,000を売り上げ，代金は掛とした。なお，発送運賃¥4,000を現金で支払った。

（3）茨城商店株式会社へ商品¥60,000に発送費用¥3,000を加えた合計額で売り上げ，代金は掛とした。また，運送業者に商品を渡し，運賃¥3,000を現金で支払った。

	借方科目	金　額	貸方科目	金　額
（1）				
（2）				
（3）				

問題10-4 次の取引を仕入帳に記入して締め切りなさい。

5月10日 京都商店株式会社より次の商品を仕入れ，代金は掛とした。
　　　　　A商品　40個　　@¥300　　　¥12,000
　　　　　B商品　30個　　@¥400　　　¥12,000

　　16日 京都商店株式会社から仕入れた商品に不良品があり，次のとおり返品した。
　　　　　B商品　5個　　@¥400　　　¥2,000

　　24日 大阪商店株式会社より次の商品を仕入れ，代金は小切手を振り出した。
　　　　　なお，引取運賃として現金¥600を支払った。
　　　　　C商品　50個　　@¥200　　　¥10,000

　　27日 奈良商店株式会社より次の商品を仕入れ，代金のうち¥2,500は現金で支払い，残額は掛とした。
　　　　　A商品　20個　　@¥300　　　¥6,000

仕　入　帳

20X0年	摘　　要	内　訳	金　額

問題 10-5 次の取引を売上帳に記入しなさい。(売上帳は締め切ること)

4月 6日 長崎商店株式会社へ次の商品を売り上げ，代金は同社振出の小切手を受け取った。
　　　　　A商品　50個　　　@¥160　　　　¥8,000
　　　　　B商品　30個　　　@¥120　　　　¥3,600
　15日 宮崎商店株式会社へ次の商品を売り上げ，代金は掛とした。
　　　　　A商品　40個　　　@¥165　　　　¥6,600
　17日 宮崎商店株式会社へ売り上げた商品について，次のとおり返品された。
　　　　　A商品　　4個　　　@¥165　　　　¥660
　24日 大分商店株式会社へ次の商品を売り上げ，代金は掛とした。
　　　　　なお，発送運賃¥500を現金で支払った。
　　　　　B商品　20個　　　@¥125　　　　¥2,500

売 上 帳

20X0年		摘　　　要	内　　訳	金　　額

問題 10-6 A商品についての資料により（1）先入先出法，（2）移動平均法で商品有高帳を記入しなさい。（締め切り不要）

6月 1日	前月繰越	60個	@¥150	¥9,000
7日	仕　入	40個	@¥160	¥6,400
13日	売　上	80個		
22日	仕　入	30個	@¥164	¥4,920
26日	売　上	40個		

商 品 有 高 帳

（1）A商品　　　　　　　　　　　　　　　　　　　　　　　　　　（先入先出法）

20X0年	摘　要	受　入			払　出			残　高		
		数量	単価	金額	数量	単価	金額	数量	単価	金額

商 品 有 高 帳

（2）A商品　　　　　　　　　　　　　　　　　　　　　　　　　　（移動平均法）

20X0年	摘　要	受　入			払　出			残　高		
		数量	単価	金額	数量	単価	金額	数量	単価	金額

第11章 売掛金と買掛金

1. 売掛金と買掛金

商品売買では，商品代金を一定期間ごとにまとめて将来の一定期日に決済することを約束して行う取引を，掛取引という。一度の取引量が多く代金が多額になったり，特定の取引先と継続的に取引を行ったりする場合には，代金の決済がその場で現金で行われることは少なくなり，掛取引により後日まとめて決済されることの方が多くなる。

掛取引では，商品の引渡しが先に行われるので，商品の売り手には代金を後で受け取る権利が生じ，買い手には，代金を後で支払う義務が生じる。これらの債権は**売掛金勘定**（資産），債務は**買掛金勘定**（負債）で処理する。

商品を掛で売り上げたときは，売掛金勘定の借方に記入し，その後，代金を回収したときは，売掛金勘定の貸方に記入する。

掛 売 上 時	（借方）売　掛　金　××　　　　（貸方）売　　　　上　××
代金受取時	（借方）○　○　○　××　　　　（貸方）売　掛　金　××

商品を掛で仕入れたときは，買掛金勘定の貸方に記入し，その後，代金を支払ったときは，買掛金勘定の借方に記入する。

掛 仕 入 時	（借方）仕　　　　入　××　　　　（貸方）買　掛　金　××
代金支払時	（借方）買　掛　金　××　　　　（貸方）○　○　○　××

例題 11.1

次の取引を仕訳しなさい。
① 青森商店株式会社に商品¥50,000を売り上げ，代金は掛とした。
② 青森商店株式会社に対する売掛金のうち¥30,000を現金で回収した。
③ 岩手商店株式会社から商品¥30,000を仕入れ，代金は掛とした。
④ 岩手商店株式会社に対する買掛金のうち¥20,000を小切手を振り出して支払った。

①	（借方）売　　掛　　金	50,000	（貸方）売　　　　　上	50,000
②	（借方）現　　　　金	30,000	（貸方）売　　掛　　金	30,000
③	（借方）仕　　　　入	30,000	（貸方）買　　掛　　金	30,000
④	（借方）買　　掛　　金	20,000	（貸方）当　座　預　金	20,000

　なお，複数の得意先・仕入先があり個々の残高等を把握したいときには，売掛金勘定・買掛金勘定に代えて得意先・仕入先の企業名を勘定科目にしてその増減を記入する場合がある。この企業名をつけた勘定を**人名勘定**という。

例題 11.2

例題 11.1 の取引を人名勘定を用いて仕訳しなさい。

解　答

①	（借方）青森商店株式会社	50,000	（貸方）売　　　　　上	50,000
②	（借方）現　　　　金	30,000	（貸方）青森商店株式会社	30,000
③	（借方）仕　　　　入	30,000	（貸方）岩手商店株式会社	30,000
④	（借方）岩手商店株式会社	20,000	（貸方）当　座　預　金	20,000

2．売掛金元帳

　総勘定元帳に設けられた売掛金勘定の得意先ごとの内訳明細を記録するための補助簿を売掛金元帳（得意先元帳）という。

　売掛金元帳には，得意先ごとの人名勘定が設けられ，売掛金が増加したときは借方欄，減少したときは貸方欄に記入する。

例題 11.3

得意先秋田商店株式会社に対する次の一連の取引を売掛金元帳に記入し，締め切りなさい。

　9月1日　売掛金の前月繰越額は¥12,000である。
　　　6日　商品¥40,000を売り上げ，代金は掛とした。
　　　13日　売掛金のうち¥12,000を現金で回収した。
　　　22日　商品¥25,000を売り上げ，代金のうち¥10,000は現金で受け取り，残額は掛とした。

売　掛　金　元　帳

秋田商店株式会社　　　　　　　　　　　　　　　　　　1

20X0 年		摘　　要	借　　方	貸　　方	借または貸	残　　高
9	1	前月繰越	12,000		借	12,000

解　答

売　掛　金　元　帳

秋田商店株式会社　　　　　　　　　　　　　　　　　　1

20X0 年		摘　　要	借　　方	貸　　方	借または貸	残　　高
9	1	前月繰越	12,000		借	12,000
	6	売上	40,000		〃	52,000
	13	回収		12,000	〃	40,000
	22	売上	15,000		〃	55,000
	30	**次月繰越**		**55,000**		
			67,000	67,000		
10	1	前月繰越	55,000		借	55,000

3．買掛金元帳

　総勘定元帳に設けられた買掛金勘定の仕入先ごとの内訳明細を記録するための補助簿を買掛金元帳（仕入先元帳）という。

　買掛金元帳には，仕入先ごとの人名勘定が設けられ，買掛金が増加したときは貸方欄，減少したときは借方欄に記入する。

例題 11.4

仕入先福島商店株式会社に対する次の一連の取引を買掛金元帳に記入し，締め切りなさい。

6月1日　買掛金の前月繰越額は￥21,000である。

　　8日　商品￥45,000を仕入れ，代金は掛とした。

　　15日　買掛金のうち￥21,000について，同額の小切手を振り出して支払った。

　　23日　8日に仕入れた商品について￥5,000返品した。返品額は，買掛金の残額と相殺することとした。

買 掛 金 元 帳

福島商店株式会社　　　　　　　　　　　　　　　　　1

20X0年		摘　　　要	借　　方	貸　　方	借または貸	残　　高
6	1	前月繰越		21,000	貸	21,000

解　答

買 掛 金 元 帳

福島商店株式会社　　　　　　　　　　　　　　　　　1

20X0年		摘　　　要	借　　方	貸　　方	借または貸	残　　高
6	1	前月繰越		21,000	貸	21,000
	8	仕　　入		45,000	〃	66,000
	15	支　　払	21,000		〃	45,000
	23	返　　品	5,000		〃	40,000
	30	**次月繰越**	**40,000**			
			66,000	66,000		
7	1	前月繰越		40,000	貸	40,000

4．貸倒れと貸倒引当金

（1）貸 倒 れ

　売掛金等の債権が，得意先の倒産等により回収不能になることを貸倒れという。債権が貸倒れになったときは，貸倒れになった金額を**貸倒損失勘定**（費用）の借方に記入し，回

100

収できなくなった金額を売掛金勘定等の貸方に記入し減少させる。

例題 11.5

次の一連の取引を仕訳しなさい。
2月 1日　東京商店株式会社に対し商品￥5,000を掛で売り上げた。
11月30日　東京商店株式会社が倒産し，同社に対する売掛金￥5,000が貸倒れになった。

解　答

2月 1日	（借方）売　掛　金	5,000	（貸方）売　　　　上	5,000
11月30日	（借方）貸　倒　損　失	5,000	（貸方）売　掛　金	5,000

（2）貸倒引当金の設定

　期末現在残っている売掛金等が次期以降に貸倒れになる危険性がある場合には，その金額を見積り，あらかじめ当期の費用として計上する必要がある。これを貸倒引当金の設定といい，結果として危険な債権の存在を外部に知らせることにつながる。

　貸倒引当金の設定は，決算において，売掛金等の期末残高に**貸倒実績率**を乗じて計算した貸倒れの見積額により行う。貸倒実績率とは，過去の貸倒れ実績に基づいて求められた一定率である。貸倒れの見積額が求められたら，見積額を**貸倒引当金繰入勘定**（費用）の借方に記入し，同時に**貸倒引当金勘定**（資産のマイナス）の貸方に記入する。

例題 11.6

次の取引を仕訳しなさい。
決算において，売掛金期末残高￥300,000に対し，実績率2％により貸倒れを見積り貸倒引当金を設定する。

解　答

（借方）貸　倒　引　当　金　繰　入　　6,000　　　（貸方）貸　倒　引　当　金　　6,000

（3）貸倒引当金が設定されている場合の貸倒れ

　前期末に貸倒引当金が設定された場合，当期にその貸倒引当金の設定対象となった売掛金等（前期以前に生じたもの）が貸倒れになったときは以下のように処理する。

　貸倒れになった金額が貸倒引当金残高よりも少ないときは，貸倒れになった金額分を貸倒引当金勘定の借方に記入して貸倒引当金を減少させ，同時に売掛金等の貸方に記入する。

　貸倒れになった金額が貸倒引当金残高よりも多いときは，貸倒引当金の残高を貸倒引当金の借方に記入して全額減少させて，貸倒れになった金額との差額分は貸倒損失勘定の借

方に記入して費用計上する。

例題 11.7

次の取引を仕訳しなさい。
①　得意先の倒産により，前期に発生した売掛金¥3,500が貸倒れになった。なお，貸倒引当金の残高は¥5,000である。
②　得意先の倒産により，前期に発生した売掛金¥7,500が貸倒れになった。なお，貸倒引当金の残高は¥6,000である。

解　答

①　（借方）貸 倒 引 当 金	3,500	（貸方）売　　掛　　金	3,500
②　（借方）貸 倒 引 当 金	6,000	（貸方）売　　掛　　金	7,500
貸 倒 損 失	1,500		

　なお当期中に生じた売掛金等が当期に貸倒れになった場合には，貸倒引当金残高があってもこれに関係させることなく，全額，貸倒損失勘定の借方に記入して費用計上する。

（4）差額補充法による貸倒引当金の設定

　当期末において貸倒引当金を設定するに際して，前期末に設定した貸倒引当金の残高がある場合には差額補充法による設定を行う。この場合，売掛金等の期末残高に実績率を乗じて計算した貸倒見積額と貸倒引当金の期末残高を比較して処理を行うことになる。

　貸倒見積額が期末残高よりも多い場合には，貸倒引当金が不足しているので，差額を貸倒引当金繰入勘定の借方に記入し，同額を貸倒引当金勘定の貸方に記入して見積額まで増額する。

　貸倒見積額が期末残高よりも少ない場合は，貸倒引当金が過剰になっているので差額を**貸倒引当金戻入勘定**（収益）の貸方に記入し，同額を貸倒引当金勘定の借方に記入して見積額まで減額する。

例題 11.8

次の取引を仕訳しなさい。
①　決算にあたり，売掛金の期末残高¥20,000に対して，5%の貸倒引当金を設定する。なお，貸倒引当金の期末残高は¥600である。
②　決算にあたり，売掛金の期末残高¥10,000に対して，5%の貸倒引当金を設定する。なお，貸倒引当金の期末残高は¥600である。

---

　① （借方）貸 倒 引 当 金 繰 入　　　400　　　　　（貸方）貸 倒 引 当 金　　　400

　　　¥20,000×5％－600＝＋400　　　400 を繰り入れる。

　② （借方）貸 倒 引 当 金　　　100　　　　　（貸方）貸 倒 引 当 金 戻 入　　　100

　　　¥10,000×5％－600＝△100　　　100 を戻し入れる。

（5）償却債権取立益

　前期以前に貸倒れとして処理した売掛金等を当期に回収したときは，その回収できた金額を**償却債権取立益勘定**（収益）の貸方に記入する。

例題 **11.9**

次の取引を仕訳しなさい。
前期に貸倒れ処理した売掛金のうち¥8,000 を現金で回収した。

　（借方）現　　　　　　金　　8,000　　　　　（貸方）償 却 債 権 取 立 益　　8,000

5．クレジット売掛金

　クレジットカードにより商品を売り渡した場合，クレジット会社に対し商品代金を請求する債権が生じるので，売掛金と区別し**クレジット売掛金勘定**（資産）の借方に記入する。この時，金額は売上金額からクレジット会社に支払う手数料を差し引いた金額とし，この手数料は**支払手数料勘定**（費用）で処理する。

クレジットカードによる商品売上時	（借方）クレジット売掛金　　×× 　　　　支 払 手 数 料　　××	（貸方）売　　　　　　　上　　××
代金回収時	（借方）○　　○　　○　　××	（貸方）クレジット売掛金　　××

例題 **11.10**

次の一連の取引について仕訳しなさい。
　4 月 20 日　商品¥500,000 をクレジット払いの条件で売り渡した。なお，クレジット会社へのクレジット手数料（売上代金の 5％）を販売時に計上した。
　5 月 15 日　クレジット会社から手数料を差し引いた手取り額が，当座預金口座に振り込まれた。

4 /20　（借方）クレジット売掛金　　475,000　　　　（貸方）売　　　　　　　上　　500,000

　　　　　　　支 払 手 数 料　　 25,000

5 /15　（借方）当 座 預 金　　475,000　　　　（貸方）クレジット売掛金　475,000

【練習問題】━━━━━━━━━━━━━━━━━━━━━━━━━━━━━━━

問題 11 － 1　　次の取引を仕訳しなさい。

6 月 2 日　岡山商店株式会社より商品￥70,000 を掛で仕入れた。

　 5 日　山口商店株式会社へ商品￥33,000 を掛売りした。

　 10 日　山口商店株式会社へ掛売りした商品に不良品があり，￥3,000 分が返品された。

　 13 日　広島商店株式会社より商品￥95,000 を仕入れ，代金のうち￥45,000 は小切手を振り出し，残額は掛とした。

　 18 日　鳥取商店株式会社へ商品￥45,000 を売り上げ，代金のうち￥30,000 は同社振出の小切手を受け取り，残額は掛とした。

　 20 日　岡山商店株式会社に対する買掛金のうち￥30,000 について，上記鳥取商店株式会社振出の小切手で支払った。

　 22 日　山口商店株式会社から，売掛金のうち￥20,000 を現金で回収した。

　 26 日　広島商店株式会社に対する買掛金￥50,000 を小切手を振り出して支払った。

日付		借方科目	金　　額	貸方科目	金　　額
6	2				
	5				
	10				
	13				
	18				
	20				
	22				
	26				

問題11-2 11-1の取引を売掛金元帳・買掛金元帳に記入しなさい。（締め切り不要）

売 掛 金 元 帳

山口商店株式会社

20X0年	摘要	借方	貸方	貸借	残高

鳥取商店株式会社

20X0年	摘要	借方	貸方	貸借	残高

買 掛 金 元 帳

岡山商店株式会社

20X0年	摘要	借方	貸方	貸借	残高

広島商店株式会社

20X0年	摘要	借方	貸方	貸借	残高

問題11-3 次の取引を仕訳しなさい。

（1）決算にあたり，売掛金の期末残高¥550,000に対して，2%の貸倒引当金を設定する。なお，貸倒引当金の期末残高は¥8,000である。

（2）決算にあたり，売掛金の期末残高¥420,000に対して，2%の貸倒引当金を設定する。なお，貸倒引当金の期末残高は¥10,000である。

（3）得意先の倒産により，前期に発生した売掛金¥6,000が貸倒れになった。なお，貸倒引当金の残高は¥9,000である。

（4）得意先の倒産により，前期に発生した売掛金¥11,000が貸倒れになった。なお，貸倒引当金の残高は¥10,000である。

（5）得意先の倒産により，売掛金¥30,000（前期発生分¥24,000，当期発生分¥6,000）が貸倒れになった。なお，貸倒引当金の残高は¥21,000である。

（6）前期に貸倒れ処理した売掛金のうち¥5,000を現金で回収した。

第11章 売掛金と買掛金 | 105

	借方科目	金　額	貸方科目	金　額
（1）				
（2）				
（3）				
（4）				
（5）				
（6）				

問題 11－4　次の一連の取引について仕訳しなさい。

（1）商品¥100,000 をクレジットカードで販売した。なお，クレジット会社への手数料は売上代金の5%であり販売時に計上した。

（2）上記取引について，販売代金が当社の普通預金に入金された。

	借方科目	金　額	貸方科目	金　額
（1）				
（2）				

問題 11－5　次の取引を仕訳しなさい。

4月25日　長野株式会社から商品を仕入れ，商品とともに以下の納品書兼請求書を受け取った。

納品書兼請求書

石川株式会社　御中

長野株式会社

品　　物	数　量	単　価	金　額
A商品	15	2,000	¥　30,000
B商品	15	1,000	¥　15,000
C商品	10	500	¥　5,000
		合　計	¥　50,000

×1年5月31日までに合計額を下記口座へお振り込みください。
　　○○銀行△△支店　普通××××××　ナガノ（カ

日付	借方科目	金 額	貸方科目	金 額
4 /25				

問題 11－6　次の取引を仕訳しなさい。

9月25日　福岡株式会社に商品を販売し，商品とともに次の請求書の原本を発送し，代金は
掛で処理した。

請求書（控）

福岡株式会社　御中

宮崎株式会社

品　　物	数　量	単　価	金　額
甲商品	30	3,000	￥　90,000
乙商品	20	3,500	￥　70,000
丙商品	10	4,000	￥　40,000
		合　計	￥ 200,000

×1年10月31日までに合計額を下記口座へお振り込みください。
○○銀行△△支店　普通×××××××　ミヤザキ（カ

日付	借方科目	金 額	貸方科目	金 額
9 /25				

第12章　手　　形

1．約束手形

　商品売買による代金の支払いには，現金・小切手が使われるほかに手形による場合もある。手形法では，約束手形と為替手形の2つが規定されているが，ここでは約束手形を取り上げる。

　約束手形とは，手形を作成したもの（振出人）が特定の相手（名宛人）に対して，手形の券面に記載した金額（手形代金）を手形に記載した期日（支払期日）に支払うことを約束した証券である。

　約束手形が振り出されると，振出人は将来，手形代金を支払わなければならない義務（手形債務）を負う者（支払人）となり，手形を受け取った者（受取人）は手形代金を受け取る権利（手形債権）を持つ者になる。

　したがって，約束手形の振出人は，約束手形を振り出したときには，手形債務が生じるのでその金額を**支払手形勘定**（負債）の貸方に記入する。一方，約束手形の受取人は，約束手形を受け取った時に手形債権を得るので，その金額を**受取手形勘定**（資産）の借方に記入する。

　また約束手形の支払期日が到来したときは，振出人は手形代金を支払うので，その金額を支払手形勘定の借方に記入し，受取人は，手形代金を受け取ったのでその金額を受取手形勘定の貸方に記入する。

振出時	（借方）〇　〇　〇　　××　　　　（貸方）支 払 手 形　　××
支払時	（借方）支 払 手 形　　××　　　　（貸方）〇　〇　〇　　××

受取時	（借方）受 取 手 形　　××　　　　（貸方）〇　〇　〇　　××
入金時	（借方）〇　〇　〇　　××　　　　（貸方）受 取 手 形　　××

例題 12.1

次の取引を（1）大阪商店株式会社，（2）京都商店株式会社それぞれの立場から仕訳しなさい。

① 大阪商店株式会社は，京都商店株式会社に対して商品¥35,000を売り上げ，京都商店株式会社振出の約束手形¥35,000を受け取った。

② ①で振り出した約束手形の期日が到来したため，京都商店株式会社の当座預金口座から大阪商店株式会社の当座預金口座に¥35,000が入金された。

解 答

（1）大阪商店株式会社

① （借方）受 取 手 形 35,000 （貸方）売 上 35,000
② （借方）当 座 預 金 35,000 （貸方）受 取 手 形 35,000

（2）京都商店株式会社

① （借方）仕 入 35,000 （貸方）支 払 手 形 35,000
② （借方）支 払 手 形 35,000 （貸方）当 座 預 金 35,000

2．受取手形記入帳

受取手形記入帳とは，手形債権の発生および消滅の詳細を記入する補助簿である。約束手形を受け取り手形債権が生じた場合には，受取手形記入帳の日付欄から金額欄までの記入を行う。そして，その手形債権が入金・裏書・割引などにより消滅した場合には，てん末欄にその旨を記入する。

例題 12.2

次の一連の取引を受取手形記入帳に記入しなさい。

2月 6日 大分商店株式会社に商品を売り上げ，代金として同社振出の約束手形¥4,000（手形番号 #26，支払場所佐賀銀行，支払期日4月5日）を受け取った。

13日 宮崎商店株式会社に対する売掛金回収のため，同社振出の約束手形¥6,000（手形番号 #65，支払場所長崎銀行，支払期日4月10日）を受け取った。

4月 5日 2月6日に大分商店株式会社から受け取った約束手形が支払期日となり，当座預金に入金された。

20X0年		手形種類	手形番号	摘要	支払人	振出人または裏書人	振出日		満期日	支払場所	金額	てん末		
												月	日	摘要

受 取 手 形 記 入 帳   1

解 答

受 取 手 形 記 入 帳   1

20X0年		手形種類	手形番号	摘要	支払人	振出人または裏書人	振出日		満期日		支払場所	金額	てん末		
													月	日	摘要
2	6	約手	26	売上	大分商店株式会社	大分商店株式会社	2	6	4	5	佐賀銀行	4,000	4	5	当座入金
	13	約手	65	売掛金	宮崎商店株式会社	宮崎商店株式会社	2	13	4	10	長崎銀行	6,000			

3. 支払手形記入帳

　支払手形記入帳とは，手形債務の発生および消滅の詳細を記入する補助簿である。約束手形の振出により手形債務が生じた場合には，支払手形記入帳の日付欄から金額欄までの記入を行う。そして，支払いなどにより手形債務が消滅した場合には，てん末欄にその旨を記入する。

例題 12.3

次の一連の取引を支払手形記入帳に記入しなさい。

3月8日　高知商店株式会社から商品を仕入れ，代金として約束手形￥6,000（手形番号#40，支払場所愛媛銀行，支払期日5月7日）を振り出した。

　17日　香川商店株式会社の買掛金￥8,000を支払うため，約束手形￥8,000（手形番号#41，支払場所愛媛銀行，支払期日5月16日）を振り出した。

5月7日　かねて振り出していた約束手形（#40）の期日が到来したため，当座預金から支払った。

支 払 手 形 記 入 帳   1

20X0年		手形種類	手形番号	摘要	受取人	振出人	振出日	満期日	支払場所	金額	てん末		
											月	日	摘要

支　払　手　形　記　入　帳　　　　　1

20X0年		手形種類	手形番号	摘　要	受取人	振出人	振出日		満期日		支払場所	金額	てん末		
													月	日	摘　要
3	8	約手	40	仕　入	高知商店株式会社	当　　店	3	8	5	7	愛媛銀行	6,000	5	7	支払済
	17	約手	41	買掛金	香川商店株式会社	当　　店	3	17	5	16	愛媛銀行	8,000			

4．電子記録債権と電子記録債務

売掛金や約束手形などと異なる債権として，電子的に記録・管理された電子記録債権・電子記録債務がある。電子記録債権・電子記録債務の取引の流れは以下のとおりである。

① 債務者が，金融機関をとおして，電子債権記録機関に電子記録債務について**発生記録の請求**をする。発生記録の請求は債権者もできるが，その場合は債務者の承諾が必要となる。

② 電子債権記録機関より，**発生記録の通知**が行われる。

③ 支払期日に，債務者の預金口座より債権者の預金口座へ入金が行われる。

債務者が，買掛金の支払いを行うため，電子債権記録機関に電子記録債務の発生記録の請求をしたとき，買掛金を**電子記録債務勘定**（負債）の貸方に振り替える。発生記録の通知を受けた債権者は，売掛金を**電子記録債権勘定**（資産）の借方に振り替える。支払期日に銀行を通して自動的に決済されたときは，債権者は電子記録債権勘定の貸方に，債務者は電子記録債務勘定の借方に記入する。

債務者

発生記録の請求	（借方）買　掛　金　××　　　　（貸方）電子記録債務　××
支払期日 （当座預金決済）	（借方）電子記録債務　××　　　　（貸方）当　座　預　金　××

債権者

発生記録の通知	（借方）電子記録債権　××　　　　（貸方）売　掛　金　××
支払期日 （当座預金決済）	（借方）当　座　預　金　××　　　　（貸方）電子記録債権　××

例題 12.4

次の取引について両社の仕訳をしなさい。
① 青森商店株式会社は，山形商店株式会社に対する買掛金￥300,000 を支払うため，電子債権記録機関に取引銀行を通じて電子記録債務の発生記録の請求を行い，山形商店株式会社はその通知を受けた。
② 上記①の電子記録債務について支払期日が到来し，青森商店株式会社の当座預金口座より山形商店株式会社の普通預金口座に￥300,000 が振り込まれた。

解 答

①	青森商店株式会社	（借方）買 掛 金	300,000		（貸方）電子記録債務	300,000
	山形商店株式会社	（借方）電子記録債権	300,000		（貸方）売 掛 金	300,000
②	青森商店株式会社	（借方）電子記録債務	300,000		（貸方）当 座 預 金	300,000
	山形商店株式会社	（借方）普 通 預 金	300,000		（貸方）電子記録債権	300,000

5．手形貸付金と手形借入金

　資金の貸借において，借主が借用証書に代えて貸主に対して約束手形を振り出すことがある。これは金融手形といい，借用証書による貸借と区別するために，貸主は貸付金勘定に代えて**手形貸付金勘定**（資産），借主は借入金勘定に代えて**手形借入金勘定**（負債）で処理をする。

	貸　　　　　主	借　　　　　主
貸借時	（借方）手形貸付金 ×× （貸方）○ ○ ○ ××	（借方）○ ○ ○ ×× （貸方）手形借入金 ××
返済時	（借方）○ ○ ○ ×× （貸方）手形貸付金 ××	（借方）手形借入金 ×× （貸方）○ ○ ○ ××

例題 12.5

　次の取引を（1）山梨商店株式会社（貸主），（2）静岡商店株式会社（借主）それぞれの立場から仕訳しなさい。
　静岡商店株式会社は，山梨商店株式会社から現金￥500,000 を借り入れ，約束手形を振り出した。

解 答

　（1）山梨商店株式会社
　　（借方）手 形 貸 付 金　500,000　　　　（貸方）現　　　　　　金　500,000

　（2）静岡商店株式会社
　　（借方）現　　　　　　金　500,000　　　　（貸方）手 形 借 入 金　500,000

【練習問題】━━━━━━━━━━━━━━━━━━━━━━━━━━━━━━━━━━━━

問題 12－1 　次の取引を仕訳しなさい。

（1）香川商店株式会社より商品￥200,000 を仕入れ，代金のうち￥50,000 は小切手を振り出し，残額は約束手形を振り出した。

（2）愛媛商店株式会社に対する買掛金￥80,000 を約束手形を振り出して支払った。

（3）上記約束手形の期日となり，当座預金より支払った。

（4）徳島商店株式会社へ商品￥150,000 を売り上げ，代金のうち￥100,000 は同社振出の約束手形を受け取り，残額は掛とした。

（5）高知商店株式会社から売掛金の回収として，同社振出の約束手形￥60,000 を受け取った。

（6）上記約束手形が期日となり，当座預金に入金した。

	借方科目	金　額	貸方科目	金　額
（1）				
（2）				
（3）				
（4）				
（5）				
（6）				

問題 12－2 　受取手形記入帳に記載されている取引について，日付順に仕訳しなさい。

受 取 手 形 記 入 帳

20X0年		摘　要	金　額	種類	番号	支払人	振出人裏書人	振出日		満期日		支払場所	てん末		
													月	日	摘　要
9	24	売　上	180,000	約手	21	大阪商店株式会社	大阪商店株式会社	9	24	10	15	奈良銀行○×支店	10	15	当座預金入金
10	20	売掛金	130,000	約手	12	京都商店株式会社	京都商店株式会社	10	20	11	20	兵庫銀行○△支店			

	借　方	貸　方		借　方	貸　方
9/24			10/20		
10/15					

問題 12－ 3 支払手形記入帳に記載されている取引について，日付順に仕訳しなさい。

支 払 手 形 記 入 帳

20X0年		摘 要	金 額	種類	番号	受取人	振出人	振出日		満期日		支払場所	てん末		
													月	日	摘 要
8	6	仕 入	70,000	約手	5	三重商店株式会社	当 店	8	6	9	25	愛知銀行○×支店	9	25	当座預金より支払
	15	買掛金	150,000	約手	8	滋賀商店株式会社	当 店	8	15	10	10	愛知銀行○×支店			

	借 方	貸 方		借 方	貸 方
8/ 6			9/25		
8/15					

問題 12－ 4 次の一連の取引について㈱千葉商店，㈱埼玉商店の仕訳をしなさい。

（1）千葉商店株式会社は，埼玉商店株式会社から商品¥200,000を掛で仕入れた。

（2）千葉商店株式会社は，（1）の買掛金について電子記録債務の発生記録の請求を行い，埼玉商店株式会社は，発生記録の通知を受けた。

（3）（2）の電子記録債務の支払期日が到来し，千葉商店株式会社の当座預金口座より埼玉商店株式会社の当座預金口座に振り込まれた。

㈱千葉商店

	借方科目	金 額	貸方科目	金 額
（1）				
（2）				
（3）				

㈱埼玉商店

	借方科目	金 額	貸方科目	金 額
（1）				
（2）				
（3）				

問題 12－5 次の取引を仕訳しなさい。

（1）岩手商店株式会社に現金¥30,000 を貸し付け，同社振出の約束手形を受け取った。

（2）山形商店株式会社から現金¥100,000 を借り入れ，約束手形を振り出した。

	借方科目	金　額	貸方科目	金　額
（1）				
（2）				

第13章 その他の債権債務

1. 貸付金と借入金

　企業は，余剰資金を取引先などに貸し付けることがあり，この場合には貸した資金を返してもらう権利が生じることになる。この債権は，**貸付金勘定**（資産）で処理をする。また，企業は，資金不足が生じたときに銀行などから資金を借り入れることがあり，この場合には借りた資金の返済義務を負うことになる。この債務は，**借入金勘定**（負債）で処理する。このような資金の貸借においては，貸借の証拠として借主は貸主に対して借用証書を作成して交付する。

　貸主は，資金を貸し付けたときはその金額を貸付金勘定の借方に記入し，返済されたときは貸付金勘定の貸方に記入する。借主は，資金を借り入れたときは借入金勘定の貸方に記入し，返済したときは借入金勘定の借方に記入する。

	貸　　　主	借　　　主
貸借時	（借方）貸付金　××　（貸方）○○○　××	（借方）○○○　××　（貸方）借入金　××
返済時	（借方）○○○　××　（貸方）貸付金　××	（借方）借入金　××　（貸方）○○○　××

例題 13.1

　次の取引を（1）山梨商店株式会社（貸主），（2）静岡商店株式会社（借主）それぞれの立場から仕訳しなさい。
①　静岡商店株式会社は，山梨商店株式会社から現金¥500,000を借り入れ，借用証書を差し入れた。
②　山梨商店株式会社は，静岡商店株式会社から貸し付けていた¥500,000を利息¥10,000とともに現金で返済を受けた。

解　答

（1）山梨商店株式会社

①	（借方）貸　　　付　　　金	500,000	（貸方）現　　　　　　　金	500,000
②	（借方）現　　　　　　　金	510,000	（貸方）貸　　　付　　　金	500,000
			受　取　利　息	10,000

（2）静岡商店株式会社

① （借方）現　　　　　金　500,000　　（貸方）借　　入　　金　500,000

② （借方）借　　入　　金　500,000　　（貸方）現　　　　　金　510,000

　　　　　支　払　利　息　 10,000

2．未収入金と未払金

　商品**以外**のものを売買した場合に代金を後日に決済することにしたときに生じる債権は**未収入金勘定**（資産），債務は**未払金勘定**（負債）で処理する。商品以外の売買では，売掛金勘定・買掛金勘定は使用できないので注意しなければいけない。

　商品以外のものを売却し，売却代金を後で受け取ることにしたときは，未収入金勘定の借方に記入し，後日回収したときは未収入金勘定の貸方に記入する。

　商品以外のものを購入し，購入代金を後で支払うことにしたときは，未払金勘定の貸方に記入し，後日支払ったときは未払金勘定の借方に記入する。

物品引渡時	（借方）未 収 入 金 ××	（貸方）○ ○ ○ ××
代金受取時	（借方）○ ○ ○ ××	（貸方）未 収 入 金 ××

物品受取時	（借方）○ ○ ○ ××	（貸方）未 払 金 ××
代金支払時	（借方）未 払 金 ××	（貸方）○ ○ ○ ××

例題 13.2

　次の取引を（1）岐阜商店株式会社，（2）愛知商店株式会社それぞれの立場から仕訳しなさい。

① 岐阜商店株式会社は不用になった備品￥25,000（帳簿価額）を愛知商店株式会社に売り渡し，代金は月末に受け取ることにした。

② 愛知商店株式会社は，①の備品の購入代金を岐阜商店株式会社に現金で支払った。

解　答

（1）岐阜商店株式会社

① （借方）未 収 入 金　25,000　　（貸方）備　　　　　品　25,000

② （借方）現　　　　　金　25,000　　（貸方）未 収 入 金　25,000

（2）愛知商店株式会社

① （借方）備　　　　　品　25,000　　（貸方）未　　払　　金　25,000

② （借方）未　　払　　金　25,000　　（貸方）現　　　　　金　25,000

3．前払金と前受金

　商品売買において，商品の受け渡しの前に代金の一部を手付金（内金）として支払ったり受け取ったりすることがある。この場合，手付金などを支払ったときは，後日商品を受け取る権利が生じるので，この債権は**前払金勘定**（資産）で処理する。また，手付金などを受け取ったときは，後日商品を引き渡す義務を負うので，この債務を**前受金勘定**（負債）で処理する。

　商品の注文をし手付金を支払ったときは，前払金勘定の借方に記入し，後日商品を受け取ったときは前払金勘定の貸方に記入する。

手付金支払時	（借方）前　払　金　××　　　（貸方）○　○　○　　××
商品受取時	（借方）仕　　　　入　××　　　（貸方）前　払　金　××

　商品の注文を受け手付金を受け取ったときは，前受金勘定の貸方に記入し，後日商品を引き渡したときは前受金勘定の借方に記入する。

手付金受取時	（借方）○　○　○　××　　　（貸方）前　受　金　××
商品引渡時	（借方）前　受　金　××　　　（貸方）売　　　上　××

例題 13.3

　次の取引を（1）三重商店株式会社，（2）滋賀商店株式会社それぞれの立場から仕訳しなさい。
　① 三重商店株式会社は滋賀商店株式会社に商品 ¥80,000 を注文し，手付金として ¥25,000 を現金で支払った。
　② 滋賀商店株式会社は，①の商品を三重商店株式会社に引き渡し，手付金を差し引いた残額は掛とした。

解　答

（1）三重商店株式会社

①	（借方）前　払　　金	25,000	（貸方）現　　　　金	25,000
②	（借方）仕　　　　入	80,000	（貸方）前　払　　金	25,000
			買　掛　　金	55,000

（2）滋賀商店株式会社

①	（借方）現	金	25,000	（貸方）前　受　金	25,000
②	（借方）前　受　金		25,000	（貸方）売　　上	80,000
	売　掛　金		55,000		

4．仮払金と仮受金

　現金の支払いや受取りはあったが，理由がわからなくて相手勘定科目が確定できないときや金額が未確定なときには，正しい勘定科目や金額が確定するまでは，**仮払金勘定**（資産），**仮受金勘定**（負債）で処理する。

　従業員に対する出張経費の概算払いや IC カードへのチャージなどの現金の支払いはあったが，処理すべき勘定科目や金額が確定していないときは，仮払金勘定の借方に記入し，後日経費の精算が行われたときや支払内容が判明したときには，仮払金勘定の貸方に記入し確定した勘定科目・金額に振り替える。

支　払　時	（借方）仮　払　金　　××　　　（貸方）○　○　○　　××
精　算　時	（借方）○　○　○　　××　　　（貸方）仮　払　金　　××

例題 13.4

次の取引を仕訳しなさい。
① 従業員の出張にあたり，旅費交通費の概算額￥40,000 を現金で前渡しした。
② 上記従業員が出張から戻り，残金￥3,000 を現金で受け取った。
③ 事業用の IC カードに現金￥20,000 をチャージした。
④ 上記 IC カードを交通機関での移動に￥5,000 使用した。

解　答

①	（借方）仮　払　金	40,000	（貸方）現	金	40,000
②	（借方）旅　費　交　通　費	37,000	（貸方）仮　払　金		40,000
	現　金	3,000			
③	（借方）仮　払　金	20,000	（貸方）現	金	20,000
④	（借方）旅　費　交　通　費	5,000	（貸方）仮　払　金		5,000

　現金などを受け取ったが，その内容が不明で記入すべき相手勘定科目や金額が確定していないときは仮受金勘定（負債）の貸方に記入し，後日内容が明らかになったときは仮受金勘定の借方に記入し確定した勘定科目・金額に振り替える。

入　金　時	（借方）○　　○　　○		××			（貸方）仮　受　金				××
原因判明時	（借方）仮　受　金		××			（貸方）○　　○　　○				××

例題 **13.5**

次の取引を仕訳しなさい。
① 出張中の従業員から，当店の当座預金口座に￥30,000の振込があったが内容が不明である。
② 従業員からの連絡で，上記振込の内容が売掛金の回収であることがわかった。

解　答

① （借方）当　座　預　金　30,000　（貸方）仮　　受　　金　30,000
② （借方）仮　　受　　金　30,000　（貸方）売　　掛　　金　30,000

5．立替金と預り金

　取引先が負担すべき運賃を立替払いしたり，従業員に給料の前貸しをした場合には，立替払いした金額を受け取る権利が生じるので，この債権は，**立替金勘定**（資産）で処理する。取引先や従業員のために立替払いをしたときは，その金額を立替金勘定の借方に記入し，後日返済を受けたときは，立替金勘定の貸方に記入する。なお，従業員に対して立替払いしたときには，取引先などに対する立替金と区別するために，従業員立替金勘定を使用することもある。

立　替　時	（借方）立　替　金		××			（貸方）○　　○　　○				××
返　済　時	（借方）○　　○　　○		××			（貸方）立　替　金				××

例題 **13.6**

次の取引を仕訳しなさい。
① 従業員に対して給料の前貸し分￥20,000を現金で支払った。
② 給料日に給料￥250,000から上記前貸し分￥20,000を差し引いた金額を現金で支払った。

解　答

① （借方）立　　替　　金　20,000　（貸方）現　　　　金　20,000
② （借方）給　　　　料　250,000　（貸方）立　替　金　20,000
　　　　　　　　　　　　　　　　　　　　　　現　　　　金　230,000

また，従業員に給料を支払う際に所得税を源泉徴収したり社会保険料を控除するなど，従業員などから一時的に金品を預かることがある。これは，本人に代わって外部に支払うまで預っているもので，預っている金額の支払い義務を負うので，この債務を**預り金勘定**（負債）で処理する。

従業員などから金品を預かったときは，その金額を預り金勘定の貸方に記入し，後日外部に支払ったり本人に返却したときは，預り金勘定の借方に記入する。なお，従業員に対する預り金を従業員以外に対する預り金と区別するために，従業員預り金勘定，所得税預り金勘定，社会保険料預り金勘定を使用することもある。

預 り 時	（借方）○　○　○　××　　　　（貸方）預　り　金　××
支 払 時	（借方）預　り　金　××　　　　（貸方）○　○　○　××

なお，従業員の健康保険や厚生年金などの社会保険料は，従業員負担分と会社負担分で構成されている。従業員負担分は，給料を支払うときに所得税と同様に会社が預かり，年金事務所には預かった従業員負担分と会社負担分とを合わせて納付する。その際，会社負担分は**法定福利費勘定**（費用）で処理することになる。

例題 13.7

次の一連の取引を仕訳しなさい。
① 給料日にあたり，給料￥300,000から所得税の源泉徴収額￥8,000と社会保険料￥20,000を控除し，残額を現金で支払った。
② 所得税の源泉徴収額￥8,000を税務署に現金で納付した。
③ 社会保険料の預り金￥20,000に会社負担分￥20,000を合わせて現金で納付した。

解 答

① （借方）給 料	300,000	（貸方）預 り 金	28,000
		現 金	272,000
② （借方）預 り 金	8,000	（貸方）現 金	8,000
③ （借方）預 り 金	20,000	（貸方）現 金	40,000
法 定 福 利 費	20,000		

6．受取商品券

　商品を売り上げた際に，代金として地域振興券やビール券などの商品券を受け取ることがある。これら商品券を受け取った場合は，商品券の発行機関から商品券の金額を受け取る権利が発生するので，**受取商品券勘定**（資産）の借方に記入する。そして，後日，受け取った商品券を指定場所に持ち込み，換金手続きが行われたとき，受取商品券勘定の貸方に記入する。

商品券受取時	（借方）受 取 商 品 券　××	（貸方）売　　　　　上　××
商品券換金時	（借方）○　○　○　××	（貸方）受 取 商 品 券　××

例題 13.8

次の取引について仕訳しなさい。
① 商品¥55,000を売り渡し，代金として同額の地元市役所発行の地域振興商品券¥50,000と現金¥5,000を受け取った。
② かねて売上代金として受け取った地域振興商品券¥200,000について，指定金融機関において換金請求を行い，同額が当座預金口座へ振り込まれた。

解 答

①	（借方）受 取 商 品 券	50,000	（貸方）売　　　　　　上	55,000
	現　　　　　金	5,000		
②	（借方）当 座 預 金	200,000	（貸方）受 取 商 品 券	200,000

7．差入保証金

　取引実績のない会社と取引を行うために保証金を支払ったり，営業用の店舗や駐車場などの不動産を賃借するために敷金を支払うことがある。
　このように保証金や敷金を支払ったときは，**差入保証金勘定**（資産）の借方に記入する。

支 払 時	（借方）差 入 保 証 金　××	（貸方）○　○　○　××

次の取引について仕訳しなさい。

店舗の賃借に際して，敷金￥200,000 を支払った。

解 答

（借方）差 入 保 証 金　200,000　　　　　（貸方）現　　　　　金　200,000

【練習問題】

問題 13－1　　次の取引を仕訳しなさい。

（1）山形商店株式会社に￥500,000 を貸し付け，利息￥18,000 を差し引いた残額を小切手を振り出して渡した。

（2）取引銀行から借り入れていた￥200,000 を利息￥4,000 とともに現金で返済した。

	借方科目	金　　額	貸方科目	金　　額
（1）				
（2）				

問題 13－2　　次の取引を仕訳しなさい。

（1）不要になった備品（帳簿価額￥170,000）を￥170,000 で売却し，代金は月末に受け取ることにした。

（2）上記備品代金を現金で受け取った。

（3）備品￥100,000 を買入れ，代金は月末に支払うこととした。

（4）上記備品代金を，小切手を振り出して支払った。

	借方科目	金　　額	貸方科目	金　　額
（1）				
（2）				
（3）				
（4）				

問題13－3 次の取引を仕訳しなさい。

（1）岡山商店株式会社へ商品¥300,000 を注文し，内金として現金¥60,000 を支払った。

（2）上記商品を受け取り，代金の残額は掛とした。

（3）鳥取商店株式会社より商品¥200,000 の注文を受け，手付金として現金¥40,000 を受け取った。

（4）上記商品を引き渡し，代金の残りは鳥取商店株式会社振出の約束手形を受け取った。

（5）かねて注文を受けていた商品¥85,000 を引き渡し，代金のうち注文時に受け取っていた手付金¥30,000 を差し引いた残額は掛とした。

	借方科目	金　額	貸方科目	金　額
（1）				
（2）				
（3）				
（4）				
（5）				

問題13－4 次の連続した取引を仕訳しなさい。

7月 8日　従業員の出張にあたり，旅費の概算額¥100,000 を現金で前渡しした。

　　15日　出張中の従業員から，為替証書¥200,000 が送られてきたが，内容は不明である。

　　16日　上記の送金は，得意先熊本商店株式会社からの売掛金の回収分であることが，従業員からの連絡でわかった。

　　20日　従業員が帰店し，旅費を精算したところ，現金¥4,000 が返金された。

　　22日　事業で使用している IC カードに現金¥30,000 をチャージした。

　　31日　上記 IC カードを電車賃¥3,000 と消耗品¥5,000 の購入に使用した。

日付		借方科目	金　額	貸方科目	金　額
7	8				
	15				
	16				
	20				
	22				
	31				

問題 13－ 5 次の連続した取引を仕訳しなさい。

5月 5日 従業員の生命保険料¥9,000 を現金で立替払いした。
　　25日 給料日にあたり，同人本月分給料¥290,000 から上記立替分，所得税の源泉徴収分¥25,000 および社会保険料¥40,000 を差し引き，残額を当店の普通預金口座から従業員に振り込んだ。
6月10日 上記の所得税源泉徴収分を現金で納税した。
　　30日 上記の社会保険料の預り金¥40,000 と会社負担分¥40,000 とを合わせて現金で納付した。

日付		借方科目	金　　額	貸方科目	金　　額
5	5				
	25				
6	10				
	30				

問題 13－ 6 次の取引を仕訳しなさい。

（1）商品¥110,000 を売り渡し，代金に地域振興商品券¥100,000 を受け取り，不足分¥10,000 は現金で受け取った。
（2）受け取っていた地域振興商品券¥150,000 を指定金融機関に換金請求し，同額が普通預金口座に振り込まれた。

	借方科目	金　　額	貸方科目	金　　額
（1）				
（2）				

問題 13－7 次の取引を仕訳しなさい。

事務所の賃借に際して，不動産会社に敷金¥1,000,000，仲介手数料¥150,000，1カ月分の家賃¥150,000 の総額¥1,300,000 を普通預金口座より振り込んだ。

借方科目	金　　額	貸方科目	金　　額

問題 13－8 次の領収書と出張旅費報告書に基づいて，仕訳をしなさい。

出張から戻った従業員から次の領収書および報告書が提出されるとともに，かねて概算払いしていた¥10,000 との差額を現金で受け取った。なお，1回¥3,000 以下の電車賃は従業員からの領収書の提出を不要としている。

出張報告書

移動先	手段等	領収書	金額
大宮駅	電車	無	1,040
大宮ホテル	ホテル	有	7,500
帰社	電車	無	1,040

領収書

宿泊費 1 名

¥7,500

大宮ホテル

借方科目	金　　額	貸方科目	金　　額

第14章 有形固定資産

1．有形固定資産

　有形固定資産とは，企業が長期間（1年以上）にわたり営業活動において使用する目的で保有する，目に見える（形のある）資産のことをいう。具体的には「土地」「建物」「備品」「車両（運搬具）」などがある。

主な有形固定資産

土　　　　　地	営業用として使用する土地。
建　　　　　物	店舗，事務所，倉庫など。冷暖房設備，照明などの付属設備も含める。
備　　　　　品	営業用の机，いす，応接セット，陳列ケース，事務機器など。
車両（運搬具）	営業用として使用するトラック，乗用車，オートバイなど。

2．有形固定資産の取得原価

　これら有形固定資産を購入した場合，その有形固定資産自体の買入価額を各固定資産の勘定（資産）の借方に計上する。この金額が当該有形固定資産の取得原価となる。また購入の際に仲介業者への「手数料」や不動産登記に掛かる「登記料」，土地の「整地費用」などの付随費用が発生した場合，その金額を買入価額に加算したものが当該有形固定資産の取得原価となる。

例題 **14.1**

次の取引を仕訳しなさい。
① 営業用のトラック¥750,000 を購入し，代金は登録手数料¥50,000 とともに小切手を振り出して支払った。
② 事業用倉庫の建築用に土地 100㎡（1㎡あたり¥15,000）を購入し，代金は月末に支払うこととした。なお整地費用¥50,000 を現金で支払った。
③ 事務所用のパソコン 2台（@¥140,000）を購入し，代金は据付・設定費用¥20,000 とともに小切手で支払った。

---

①	（借方）車	両	800,000	（貸方）当 座 預 金			800,000
②	（借方）土	地	1,550,000	（貸方）未	払	金	1,500,000
				現		金	50000
③	（借方）備	品	300,000	（貸方）当 座 預 金			300,000

解 説

②の借方「土地」の金額＝土地自体の金額：（¥15,000×100㎡）＋整地費用：¥50,000

③の借方「備品」の金額＝パソコンの金額：（¥140,000×2台）＋据付・設定費用：¥20,000

3. 減価償却

（1）減価と減価償却

　有形固定資産は，使用や時の経過により，次第にその機能や価値が低下してくる。これを「**減価**」というが，この減価を日々の取引として処理することは非常に煩雑である。そこで，決算日に会計期間中の減価額を有形固定資産の帳簿価額に反映させる手続きを取る。これを「**減価償却**」という。

（2）減価額の計算

　有形固定資産の減価額について，本書では基本的な「**定額法**」について説明する。定額法とは，有形固定資産の価値が毎期一定額ずつ減価するものと仮定して，1年分の減価額を計算する方法である。この減価額は「**減価償却費**」勘定（費用）の借方に計上される。

$$減価償却費 = \frac{取得原価 - 残存価額}{耐用年数}$$

　上記計算式の各要素
- 耐用年数 …… 有形固定資産が有効に活用できると予想される期間
- 残存価額 …… 有形固定資産の耐用年数経過後の処分価値

　耐用年数・残存価額は本来，有形固定資産の購入時に企業側が予測すべきであるが，実務上，税法上の規定がそのまま利用されることが多い。税法上の残存価額は有形固定資産の種類によって異なるものの，おおむね取得原価の10％とされてきた（…旧定額法）。しかし，2007年の税法改正によって2007年4月以降に購入した有形固定資産については，原則として残存価額を0円として減価償却費を計算することになっている（…新定額法）。

旧定額法・新定額法での減価償却費の計算式は次のとおりである。

〈旧定額法〉

減価償却費＝取得原価×0.9*÷耐用年数

＊残存価額が10％であるならば，取得原価－残存価額は取得原価の90％となるため

〈新定額法〉

減価償却費＝取得原価÷耐用年数

（3）減価償却の記帳

減価償却の記帳方法は「**間接法**」による。間接法では，減価額を「**減価償却累計額**」勘定に集計する方法である。間接法では有形固定資産の減価後の価値は有形固定資産の帳簿価額から当該有形固定資産の減価償却累計額を差し引いた金額となる。仕訳は以下の通りである。

（借方）減　価　償　却　費　×××　　（貸方）建物減価償却累計額　×××

なお，期中に取得した有形固定資産については，取得日から決算日までの期間で減価償却処理を行う。

例題 14.2

次の有形固定資産について，決算日の減価償却に係る仕訳を示しなさい（会計期間は20X1年4月1日～20X2年3月31日）。

備品Ａ……取得日：前期期首　取得原価：￥800,000　耐用年数：15年
　　　　　残存価額：取得原価の10％
備品Ｂ……取得日：当期11月1日　取得原価：￥720,000　耐用年数：15年
　　　　　残存価額：ゼロ

解　答

備品Ａ　（借方）減　価　償　却　費　48,000　　　（貸方）備品減価償却累計額　48,000
備品Ｂ　（借方）減　価　償　却　費　20,000　　　（貸方）備品減価償却累計額　20,000

解　説

備品Bは当期11月1日に取得となっているので，減価償却の対象期間は11月〜3月の5カ月となる。よって減価償却費は次の式によって計算される。

$$¥720,000 \div 15 年 \times \frac{5 カ月}{12 カ月} = ¥20,000$$

4．資本的支出と収益的支出

　有形固定資産を取得後の修理や改修に伴う支出は，その性質によって資本的支出と収益的支出に分けられる。
- 資本的支出

　　資本的支出とは，有形固定資産の耐用年数を延ばしたり，新たな機能を付加したりする目的で行われる支出のことをいう。資本的支出の場合，その支出額は該当する有形固定資産の帳簿価額に加算する。
- 収益的支出

　　収益的支出とは，老朽化した有形固定資産を修繕し，元の水準まで回復させる目的で行われる支出のことをいう。収益的支出の場合，その支出額は「**修繕費**」勘定（費用）の借方に計上する。

例題 **14.3**

次の取引を仕訳しなさい。
① 建物のひび割れを修繕し，代金¥250,000を現金で支払った。
② 建物にエレベーターを新設し，代金¥850,000を小切手を振り出して支払った。

解　答

①	（借方）修　　繕　　費	250,000		（貸方）現　　　　　　金	250,000		
②	（借方）建　　　　　物	850,000		（貸方）当　座　預　金	850,000		

5．有形固定資産の売却

　有形固定資産を売却した場合は，①売却した有形固定資産の帳簿価額を減少させ，②売却額を借方に計上するとともに，③帳簿価額と売却額の差額を「**固定資産売却益**」勘定（収益）の貸方または「**固定資産売却損**」勘定（費用）の借方に計上する。

減価償却を間接法で計上している場合，売却時までの減価額は減価償却累計額に集計されているので，売却時は①-1 有形固定資産の帳簿価額を貸方に計上することに加え，①-2 当該有形固定資産の減価償却累計額を借方に計上する。この仕訳により，有形固定資産の帳簿価額から減価償却累計額が控除されることになる。

建物を例に，有形固定資産の取得から売却までの仕訳を整理すると，以下のようになる。

購入		(借方) 建　　　　　　物	×××	(貸方) ○　　○　　○	×××
減価償却		(借方) 減　価　償　却　費	×××	(貸方) 建物減価償却累計額	×××
売却	簿価 <売価	(借方) ○　　○　　○ 　　　　建物減価償却累計額	××× ×××	(貸方) 建　　　　　　物 　　　　固 定 資 産 売 却 益	××× ×××
	簿価 >売価	(借方) ○　　○　　○ 　　　　建物減価償却累計額 　　　　固 定 資 産 売 却 損	××× ××× ×××	(貸方) 建　　　　　　物	×××

例題 14.4

次の取引を仕訳しなさい。

建物（取得原価¥650,000，減価償却累計額¥117,000，間接法で記帳）を¥550,000で売却し，代金は月末に受け取ることとした。

解答

(借方) 未 　収 　入 　金	550,000	(貸方) 建　　　　　　物	650,000
建物減価償却累計額	117,000	固 定 資 産 売 却 益	17,000

6．固定資産台帳

固定資産台帳は，個別の固定資産ごとの取得から減価償却，売却・除却までの記録をつけて管理するものである。総勘定元帳の各固定資産の勘定（例えば建物勘定，備品勘定，車両勘定等）では，当該勘定に該当する固定資産全体（例えば備品勘定なら，すべての備品）の増減や残高が把握できるが，個別の資産（備品が複数あるなら，備品 A，備品 B，備品 C……というように，個々の備品）の明細は，総勘定元帳では把握できない。そこで，同種の固定資産を複数所有している場合は，補助簿として「固定資産台帳」という，個別の資産別の台帳をつけて，個々の固定資産の内訳を管理する。

固定資産台帳には定まった形式がないが，固定資産を1件ごとに記録する形式と固定資産の種類別に記録する形式とがある。それぞれを例に挙げると次のようになる。

＊固定資産を1件ごとに記録する形式（決算日：各年3月31日）

固 定 資 産 台 帳

種類	備品X		取得価額	￥180,000
用途	店舗陳列棚		耐用年数	5 年
面積・数量	1 台		残存価額	ゼロ
取得年月日	20X2 年 4 月 1 日		償却方法	定額法

年月日			摘　　要	取得原価	減価償却累計額	残高
20X2	4	1	普通預金から購入	180,000		180,000
20X3	3	31	減 価 償 却 費		36,000	144,000
20X4	3	31	減 価 償 却 費		36,000	108,000
20X5	3	31	減 価 償 却 費		36,000	72,000

＊固定資産の種類別に記録する形式（決算日：各年3月31日）

固 定 資 産 台 帳

X5年 3 月31日

取　得年 月 日			名称	耐用年数	期　首取得原価	減価償却累計額			期　　末帳簿価額	備考
						期首残高	当期増減高	期末残高		
20X2	4	1	備品X	5 年	180,000	72,000	36,000	108,000	72,000	
20X4	4	1	備品Y	6 年	300,000		50,000	50,000	250,000	

例題 14.5

　次の固定資産台帳をもとに 20X3 年 3 月 31 日における仕訳を示しなさい。なお，20X2 年 4 月 1 日にハードディスクの増設工事（資本的支出として処理）を行っている。

固 定 資 産 台 帳

種類	備品	取得価額	¥400,000
用途	事務用 PC	耐用年数	10 年
面積・数量	2 台	残存価額	ゼロ
取得年月日	20X1 年 4 月 1 日	償却方法	定額法

年月日			摘　要	取得原価	減価償却累計額	残高
20X1	4	1	普 通 預 金 か ら 購 入	400,000		400,000
20X2	3	31	減 価 償 却 費		40,000	360,000
20X2	4	1	当座預金から資本的支出	90,000		450,000
20X3	3	31	減 価 償 却 費		（各自推定）	（各自推定）

解 答

（借方）減 価 償 却 費　　50,000　　　　　（貸方）備品減価償却累計額　　50,000

解 説

　20X2 年 4 月 1 日に資本的支出を行っているので，20X3 年 3 月 31 日時点の帳簿価額は¥450,000
となり，減価償却費はこれを残りの耐用年数 9 年で割った¥50,000 となる。

　20X3 年 3 月 31 日の固定資産台帳は次のようになる。

固 定 資 産 台 帳

種類	備品	取得価額	¥400,000
用途	事務用 PC	耐用年数	10 年
面積・数量	2 台	残存価額	ゼロ
取得年月日	20X1 年 4 月 1 日	償却方法	定額法

年月日			摘　要	取得原価	減価償却累計額	残高
20X1	4	1	普 通 預 金 か ら 購 入	400,000		400,000
20X2	3	31	減 価 償 却 費		40,000	360,000
20X2	4	1	当座預金から資本的支出	90,000		450,000
20X3	3	31	減 価 償 却 費		50,000	50,000

7．年次決算・月次決算

　有形固定資産の減価償却手続きは，決算整理手続きとして行われるが，通常，①年度ごとに決算日の日付で行われる「**年次決算**」と，②月次ごとに月末の日付で行われる「**月次決算**」という2つの方法がある。

　例）備品Z……取得日：20X1年期首（X1年4月1日），取得原価：¥1,200,000
　　　　　　　残存価額：ゼロ，耐用年数：5年

　①　年次決算：X1年度の減価償却費　……　¥1,200,000÷5年＝¥240,000

20X2／3／31（借方）減　価　償　却　費　240,000　　　　　（貸方）備品減価償却累計額　240,000

　②　月次決算：X1年度各月の減価償却費　……　¥1,200,000÷5年÷12カ月＝¥20,000

20X1／4／30（借方）減　価　償　却　費　20,000　　　　　（貸方）備品減価償却累計額　20,000

20X1／5／31（借方）減　価　償　却　費　20,000　　　　　（貸方）備品減価償却累計額　20,000

（中略）

20X2／3／31（借方）減　価　償　却　費　20,000　　　　　（貸方）備品減価償却累計額　20,000

【練習問題】

　問題14−1　　次の取引を仕訳しなさい。

（1）事業用地120㎡を1㎡当たり@¥20,000で購入し，整地費用¥350,000とともに月末に支払うこととした。

（2）営業用トラック3台を1台当たり@¥1,200,000で購入し，代金のうち半額は小切手を振り出して支払い残額は月末に支払うこととした。

（3）パソコンのメンテナンス費用¥70,000を現金で支払った。

（4）建物の模様替えを行い，この代金¥550,000のうち¥300,000は現金で支払い，残額は翌月末に支払うこととした。

（5）営業用自動車の定期整備を行い，整備代¥52,000は小切手を振り出して支払った。

	借方科目	金　　額	貸方科目	金　　額
(1)				
(2)				
(3)				
(4)				
(5)				

問題14－2　次の取引を仕訳しなさい。なお会計期間は4月1日から3月31日までの1年間とする。

（1）営業用トラック（取得原価¥300,000，減価償却累計額¥45,000）を¥200,000で売却し，代金は小切手で受け取りただちに当座預金に預け入れた。なお当社は減価償却の記帳を間接法で行っている。

（2）20X9年1月31日に倉庫（取得日20X7年4月1日，取得原価¥3,600,000）を¥2,900,000で売却し，代金は普通預金に振り込まれた。なお当社はこの建物について定額法（残存価額はゼロ，耐用年数30年）によって償却しており，間接法で記帳している。

	借方科目	金　　額	貸方科目	金　　額
(1)				
(2)				

問題 14－3 次の固定資産台帳を完成させるとともに 20X6 年 3 月 31 日における仕訳を示しなさい。

固 定 資 産 台 帳

種類	備品	取得価額	¥150,000
用途	陳列棚	耐用年数	3 年
面積・数量	1 台	残存価額	ゼロ
取得年月日	20X4 年 4 月 1 日	償却方法	定額法

年月日			摘要	取得原価	減価償却累計額	残高
20X4	4	1	普通預金から購入	150,000		150,000
20X5	3	31	減 価 償 却 費		( )	( )
20X6	3	31	減 価 償 却 費		( )	( )

借方科目	金　額	貸方科目	金　額

問題 14－4 下記の有形固定資産について，（1）年次決算を行う場合と（2）月次決算を行う場合での当期（20X3 年 1 月 1 日～ X3 年 12 月 31 日）における減価償却費計上に必要な仕訳を示しなさい。

例）備品……取得日：20X3 年 11 月 1 日，取得原価：¥240,000
　　　　　残存価額：ゼロ，耐用年数：5 年

（1）年次決算

日付	借方科目	金　額	貸方科目	金　額
20X3 /12/31				

（2）月次決算

日付	借方科目	金　額	貸方科目	金　額
20X3 /11/30				
20X3 /12/31				

第 15 章　資本と税金：株式会社の簿記

1．株式会社とは

　株式会社とは，**株式**を発行して投資家から資金を調達し，その代金で事業活動を行う会社のことをいう。株式を公開していれば，株式を購入することで誰でも**出資者**（株主）になれる。事業が成功して利益が上がれば，株価の上昇で株主の利益が増え，株数に応じて配当金や株主優待を受け取ることもできる。半面，事業がうまくいかなければ配当金は無く，株価も下がる。株式会社制度の下では，事業を遂行する者（経営者）と株主が別人でも構わないために，ビジネスの手腕のある人は，自己資金が無くても，株式発行により資金を集めて事業ができる。

2．資　　本

（1）株式会社の設立と株式の発行

　株式会社を設立する場合，株主となる者に株式を発行し，金銭等の財産を払い込んでもらう。株主からの払込額は「資本金」勘定を用いて処理する。また，株式会社を設立した後にも事業の拡大等で資金が必要となった場合，新たに株式を発行し資金調達を行う。これを「**増資**」という。この場合においても株主からの払込額は「資本金」勘定を用いて処理する。

　このように，資本金は，株主からの払込額を表しており，資本金の金額は会社において維持すべき財産の額を表しているので，会社法の定めに従って例外的な場合を除き，将来にわたって維持されていく。

例題 **15.1**

次の取引を仕訳しなさい。
① 埼玉商事株式会社を設立し，株式 1,000 株を@¥4,500 で発行し，株主からの払込金が全額当座預金に振り込まれた。なお全額を資本金とする。
② 埼玉商事株式会社は，事業拡大のため，新たに株式 500 株を@¥6,000 で発行し，株主からの払込金が全額当座預金に振り込まれた。なお全額を資本金とする。

解　答

①	（借方）当	座	預	金	4,500,000	（貸方）資	本	金	4,500,000
②	（借方）当	座	預	金	3,000,000	（貸方）資	本	金	3,000,000

（2）配当および利益準備金

株式会社は獲得した純利益のなかから，一部を株主に配当の形で分配することができる。この配当について，会社法では，債権者を保護する観点から，株主へ支払う配当の額を制限している。

配当は基本的に会社が過去に計上した利益の累積額である繰越利益剰余金から行われる必要がある。配当の手続きは，通常，株主総会の決議によって行われる。株主総会において配当に関する決議が行われたときに，繰越利益剰余金を減額し，同額を「**未払配当金**」勘定（負債）に計上する。未払配当金は後日，預金口座から引落とされることによって決済される。

会社法では，配当を行うたびに，その額の10分の1を**利益準備金**として計上するよう要求している。原則的に，利益準備金は配当の原資とすることはできない。利益準備金を計上するよう要求することで，会社財産の過度な流出を防いでいる。

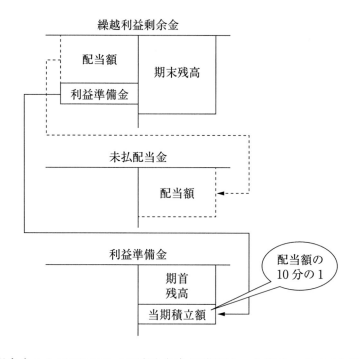

例えば，繰越利益剰余金から¥500,000の配当を行う決議があった場合，その10分の1：¥50,000を利益準備金として計上しなければならない。この場合，配当金，利益準備金，両者の合計額が繰越利益剰余金から減額される（仕訳例1）。

仕訳例 1 （借方）繰越利益剰余金　550,000　　　　（貸方）未 払 配 当 金　500,000
　　　　　　　　　　　　　　　　　　　　　　　　　　　利 益 準 備 金　50,000

　なお，この例において，後日配当金が会社の預金口座（普通預金）から引き落とされ決済されたときの仕訳は次の通りである（仕訳例2）。

仕訳例 2 （借方）未 払 配 当 金　50,000　　　　（貸方）当 座 預 金　50,000

例題 15.2

次の取引を仕訳しなさい。
① 茨城株式会社の株主総会で繰越利益剰余金¥3,500,000 の一部を次のとおり処分することが承認された。
　　　　株 主 配 当 金：¥450,000　　　利益準備金の積立て：¥45,000
② 上記株主配当金が追分銀行の普通預金口座より支払われた。

解　答

① （借方）繰 越 利 益 剰 余 金　495,000　　　（貸方）未　払　配　当　金　450,000
　　　　　　　　　　　　　　　　　　　　　　　　　　利　益　準　備　金　45,000
② （借方）未　払　配　当　金　450,000　　　（貸方）普　通　預　金　450,000

3. 税　　金

（1）租税公課と諸会費

　株式会社に課される税金には①利益に基づいて課される税金と，②利益以外の金額に基づいて課される税金とがある。②の代表例として，**固定資産税**，**自動車税**，**印紙税**などがある。これらの税金は「**租税公課**」勘定（費用）で処理される。なお，固定資産税については4期に分けて納付するので，固定資産税の納税通知書を受け取った時に4期分全額を借方「**租税公課**」（費用），貸方「**未払金**」（負債）に計上し，各期に納付した分だけ未払金の減少として処理する方法もある。このほか，商工会や商工会議所への加盟料，年会費等を企業が負担した場合は「**諸会費**」勘定（費用）で処理される。

次の取引を仕訳しなさい。
① 固定資産税の納付通知書が届き，全期分¥80,000を未払金として計上した。
② 固定資産税の第1期分¥20,000を現金で納付した。
③ 当年度の自動車税¥40,000を普通預金から納付した。
④ 商工会議所の年会費¥8,400を現金で支払った。店主の所得税¥56,000を現金で納付した。

解　答

①	（借方）租　税　公　課	80,000	（貸方）未　　払　　金	80,000
②	（借方）未　　払　　金	20,000	（貸方）現　　　　　金	20,000
③	（借方）租　税　公　課	40,000	（貸方）普　通　預　金	40,000
④	（借方）諸　　会　　費	8,400	（貸方）現　　　　　金	8,400

（2）法人税，住民税および事業税

① 概　要

先に述べたように，株式会社に課される税金には，利益に基づいて課される税金もある。具体的には法人税，住民税および事業税である。まず**法人税**は事業活動を通じて得た各事業年度の所得にかかる税金のことをいい，企業が計上した税引前の当期純利益に基づいて算定される。これに連動して地方自治体による教育や福祉，行政サービスの資金のために徴収される**住民税**（法人住民税）とさまざまな公共サービスや公共施設について，その経費の一部を負担する目的で課税される**事業税**の額が決定される。

簿記上これらはまとめて「**法人税，住民税および事業税**」勘定（または「法人税等」勘定）（費用）で処理される。法人税，住民税および事業税の金額は，決算において，収益総額から費用総額を差し引いて「**税引前当期純利益**」を計算し，これにこれら税金に定められている税率を乗じて計算される。

法人税，住民税および事業税は決算において計上されるが，実際の支払いは決算日後の翌期になって行う確定申告の後になる。このため決算においては，「**未払法人税**」勘定を用いて処理し，実際に支払われたときに振り替える。

例題 **15.4**

次の資料から，決算における法人税，住民税および事業税の計上に関する仕訳を示しなさい。
1．決算日における収益と費用（法人税，住民税および事業税を除く）の総額は下記の通りである。

　　収益総額　¥5,400,000　　費用総額　¥3,900,000
2．税引前当期純利益に対する法人税，住民税および事業税の税率は25％である。

解　答

（借方）法人税，住民税および事業税　　375,000　　　　（貸方）未 払 法 人 税 等　　375,000

解　説

税引前当期純利益は　収益総額¥5,400,000－費用総額¥3,900,000＝¥1,500,000

これに税率25%を乗じる。

¥1,500,000×25%＝375,000

②　中間納付

法人税，住民税および事業税の税額は，決算日後２カ月以内に確定申告を行って納付しなければならない。また，株式会社は，法人税，住民税および事業税の前年の税額が一定以上である場合，中間納付を行わなければならない。**中間納付**は，前年度の決算日から６カ月を経過する日の２カ月以内に，前年度の税額の２分の１を納付する「**予定申告**」と，事業開始の日以後６カ月の期間を１事業年度とみなして税額を計算する「**中間申告**」のいずれかに基づいて行い，その税額は「**仮払法人税等**」勘定（資産）を用いて処理する。

この中間納付で納付した金額，すなわち仮払法人税等の金額は，当期の決算において計上される，法人税，住民税および事業税の金額から控除される。

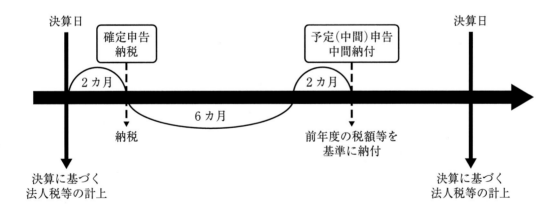

次の連続する取引について仕訳を示しなさい。

① 20X1 年度の決算（決算日 X2 年 3 月 31 日）において，法人税，住民税および事業税 ¥540,000 を納付した。

② 20X2 年 5 月 25 日に確定申告を行い，法人税，住民税および事業税¥540,000 を現金で納付した。

③ 20X2 年 11 月 20 日に中間申告を行い，法人税，住民税および事業税¥270,000 を普通預金から納付した。

④ 20X2 年度の決算（決算日 X3 年 3 月 31 日）において，法人税，住民税および事業税 ¥490,000 を納付した。

解 答

① （借方）法人税，住民税および事業税　540,000　（貸方）未 払 法 人 税 等　540,000

② （借方）未 払 法 人 税 等　540,000　（貸方）現　　　　　金　540,000

③ （借方）仮 払 法 人 税 等　270,000　（貸方）普 通 預 金　270,000

④ （借方）法人税，住民税および事業税　490,000　（貸方）仮 払 法 人 税 等　270,000

未 払 法 人 税 等　220,000

（3）消 費 税

　企業は，商品を販売したり，サービスを提供したりした場合，商品等の価格に消費税を加算して代金を受け取る。**消費税**は，最終的には消費者が負担すべき税金であるが，商品等を売り上げた業者である企業が納税義務者となる。このような納税の仕組みを持つ税を「**間接税**」という。企業が消費税を納付するには，企業自身が材料や商品の仕入れに際して支払った消費税は，納付すべき消費税の額から差し引かれる。

　消費税は通常，税抜方式と呼ばれる方法によって記帳される。商品の仕入れ時に支払う消費税は「**仮払消費税**」勘定（資産）を用いて処理し，商品の売り上げ時に受け取る消費税は「**仮受消費税**」勘定（負債）を用いて処理する。決算に際して，仮受消費税の額と仮払消費税の額を相殺し，その差額を「**未払消費税**」勘定（負債）に計上する。「未払消費税」は決算日後に行われる消費税の確定申告の際に納付され振り替えられる。

メーカー A	卸売問屋 B	小売店 C	消費者 D
製品販売￥2,200 受け取った消費税￥200 消費税納付額＝￥200	仕入￥2,200 　支払った消費税￥200 売上￥3,300 　受け取った消費税￥300 消費税納付額＝￥100	仕入￥3,300 　支払った消費税￥300 売上￥5,500 　受け取った消費税￥500 消費税納付額＝￥200	購入￥5,500 　支払った消費税￥500 消費税納付額＝￥500

消費税納付額合計＝￥500 ←——→ 消費税納付額合計＝￥500

　上図の例にみてみると，卸売問屋Bはメーカー Aからの仕入れの際，商品代金￥2,000に加え消費税￥200を支払っている。一方，小売店Cへの売り上げの際，商品代金￥3,000に加え消費税￥300を受け取っている。卸売問屋Bが納めるべき消費税は売り上げ時の￥300であるが，仕入れ時に￥200すでに支払っているので，消費税として納付する金額は￥100となる。

例題 15.6

次の連続する取引について仕訳を示しなさい。
① 商品￥300,000を仕入れ，代金は消費税￥30,000とともに小切手を振り出して支払った。
② ①の商品を￥700,000で売り上げ，代金は消費税￥70,000とともに掛とした。
③ 決算に際して，納付すべき消費税の額を未払消費税として計上した。
④ 消費税の確定申告を行い，上記③の未払消費税を普通預金から納付した。

解　答

①	（借方）仕　　　　　入	300,000		（貸方）当　座　預　金	330,000		
	仮　払　消　費　税	30,000					
②	（借方）売　　掛　　金	770,000		（貸方）売　　　　　上	700,000		
				仮　受　消　費　税	70,000		
③	（借方）仮　受　消　費　税	70,000		（貸方）仮　払　消　費　税	30,000		
				未　払　消　費　税	40,000		
④	（借方）未　払　消　費　税	40,000		（貸方）普　通　預　金	40,000		

問題 15－1 当期首（20X3 年 4 月 1 日）における資本金勘定を示すと，下記の通りである。

当期間中（20X3 年 10 月 1 日）において，新たに株式 1,000 株を＠¥3,000 で発行し，株主からの払込金は普通預金とした。以上の資料から下記資本金勘定に必要事項を記入し，締め切りなさい。決算日は X4 年 3 月 31 日である。

資　本　金

	X3／4／1　前期繰越	8,000,000

問題 15－2 次の連続する取引について仕訳を示しなさい。

① 岐阜株式会社の本年度決算の結果，純利益¥368,000 を計上した。なお，繰越利益剰余金勘定には，貸方残高が¥900,000 あった。

② 岐阜株式会社は株主総会を開催し，繰越利益剰余金の一部を下記の通り処分することを決議した。

株　主　配　当　金：¥600,000　　　利益準備金の積立て：¥60,000

③ 上記株主配当金が普通預金口座より支払われた。

	借方科目	金　額	貸方科目	金　額
①				
②				
③				

問題 15－3 次の連続する取引について仕訳を示しなさい。

① 20X2 年 4 月 1 日に商工会年会費¥12,000 を現金で支払った。

② 20X2 年 4 月 23 日に固定資産税の納税通知書（納付額全期分¥432,000）が届き，固定資産税の第 1 期分¥108,000 を普通預金から納付した。なお当社では固定資産税の納税通知書を受け取った時点で全額を未払金として処理している。

③ 20X2 年 5 月 25 日に確定申告を行い，法人税，住民税および事業税¥320,000 を現金で納付した。なお，前期決算期に同額を未払法人税等に計上している。

④ 20X2 年 5 月 31 日に自動車税¥38,000 を現金で納付した。

⑤ 20X2 年 7 月 15 日に固定資産税の第 2 期分¥108,000 を普通預金から納付した。なお当社で

は固定資産税の納税通知書を受け取った時点で全額を未払金として処理している。

⑥ 20X2 年 11 月 20 日に中間申告を行い，法人税，住民税および事業税￥160,000 を普通預金から納付した。

⑦ 20X2 年度の決算（決算日 20X3 年 3 月 31 日）において，法人税，住民税および事業税￥300,000 を納付した。

	借　方　科　目	金　　額	貸方科目	金　　額
①				
②				
③				
④				
⑤				
⑥				
⑦				

問題 15－4 次の連続する取引について仕訳を示しなさい。なお，消費税率は 10% とする。

① 長野商店から商品を仕入れ，下記の納品書を受け取った。なお代金は消費税とともに掛とした。

納　品　書

滋賀商店株式会社　御中　　　　　　　　　　　　　　　　　　　　　　長野商店

品　物	数　量	単　価	金　額
コーヒーカップ（品番：B-8514）	30	¥1,500	¥45,000
ティースプーン（品番：H-9581）	15	¥500	¥7,500
		小計	¥52,500
		消費税（10%）	¥5,250
		合計	¥57,750

② 愛知産業へ商品を売り渡し，下記の納品書兼請求書を発行した。なお代金は消費税とともに月末に受け取ることとした。

納　品　書　兼　請　求　書

愛知産業株式会社　御中　　　　　　　　　　　　　　　　　　　　　　滋賀商店

品　物	数　量	単　価	金　額
コーヒーカップ（品番：B-8514）	25	¥4,500	¥112,500
ティースプーン（品番：H-9581）	10	¥1,300	¥13,000
		小計	¥125,500
		消費税（10%）	¥12,550
		合計	¥138,050

③ 決算に際して，納付すべき消費税の額を未払消費税として計上した。

④ 消費税の確定申告を行い，上記③の未払消費税を普通預金から納付した。

	借方科目	金　額	貸方科目	金　額
①				
②				
③				
④				

第16章　収益と費用

1．収益と費用

「**収益**」とは，期中に資本金（純資産）の増加をもたらすような取引要素のことをいい（店主による追加元入れを除く），他方「**費用**」とは，期中に資本金（純資産）の減少をもたらす取引要素のことをいう。

収益や費用の発生により，会社の財産は日々変動する。給料や光熱費を支払えば財産は減少し，逆に原価を上回る価格で商品を売り上げれば増加する。簿記では，期中は財産の増減を収益および費用の諸勘定に集計しておき，期末（決算日）に1年分をまとめて集計し，その差額，すなわち純損益を繰越利益剰余金勘定に振替えることにしている。このように記録することで，純資産が単純にいくら増加（または減少）したかのみではなく，どのような原因で，すなわちどのような取引によって増減したのかが明らかになり，経営活動等に役立てられるのである。

2．収益・費用の前受け・前払いおよび未収・未払い

商品の売上のように取引が一時点で完結してしまう場合は，取引が行われた段階で収益を計上すればよい。しかし，土地や店舗などを借りる場合や，金銭貸借取引などのように，一定期間にわたって活動が継続する場合，通常，対価の支払いは契約に基づき決められた期日に行われる。例えば，保険料について契約上，2年間分を契約時に支払うような場合，計上された収益または費用は2年間分のものとなり，当期に計上すべき収益または費用の金額を示していない。つまり，収益や費用の原因となる活動の時点または期間と，収益または費用が計上される時点の間にズレが生じてしまう。そこでこのズレを解消し，決算日に当期の収益および費用が正しく計算されるよう処理が行われる。この処理を収益・費用の前受け・前払いおよび未収・未払いという。

- 収益の前受け…前受収益の計上
- 費用の前払い…前払費用の計上
- 収 益 の 未 収…未収収益の計上
- 費用の未払い…未払費用の計上

3．収益の前受け・費用の前払い

　まず，収益・費用の**前受け・前払い**とは，次期以降の収益・費用となるべきものを期中に計上している場合，決算日にその次期以降の部分を当期の収益・費用から減額し，次期以降に繰り越すための手続きである。

（1）収益の前受け
　収益の前受けは，次期以降の収益になるべき金額を収益の勘定の借方に計上するとともに「前受○○」（一時的な"負債"，○○には対応する収益勘定が入る。受取利息なら「前受利息」，受取家賃なら「前受家賃」となる）勘定の貸方に計上する。

（2）費用の前払い
　費用の前払いは，次期以降の収益になるべき金額を費用の勘定の貸方に計上するとともに「前払○○」（一時的な"資産"，○○には対応する収益勘定が入る。支払利息なら「前払利息」，支払家賃なら「前払家賃」となる）勘定の借方に計上する。

（3）再振替仕訳
　収益の前受けまたは費用の前払い処理を行った場合，次期の期首（決算日の翌日）に決算日に行った収益の前受けまたは費用の前払いの仕訳とは逆の仕訳を行う必要がある。この手続きを「**再振替仕訳**」という。これは決算日の処理があくまで当期の収益・費用を正しく計算するための処理であって，計算後にそれを戻す必要があるからである。

	借　　方		貸　　方	
収益・費用の発生	△　　　△	×××	受 取 利 息	×××
	支 払 利 息	×××	△　　　△	×××
収益・費用の繰延	受 取 利 息	×××	前 受 利 息	×××
	前 払 利 息	×××	支 払 利 息	×××
再振替	前 受 利 息	×××	受 取 利 息	×××
	支 払 利 息	×××	前 払 利 息	×××

次の取引を仕訳しなさい。なお当店の会計期間は4月1日〜3月31日である。

7月 1日 向こう1年分の保険料￥360,000を小切手を振り出して支払った。

8月 1日 向こう1年分の倉庫家賃￥240,000が当座預金に振り込まれた。

3月31日 決算にあたり7月1日に支払った保険料の前払い分および8月1日に受け取った倉庫家賃の前受け分について必要な処理を行う。

解 答

7／1	（借方）保　　険　　料	360,000	（貸方）当　座　預　金	360,000
8／1	（借方）当　座　預　金	240,000	（貸方）受　取　家　賃	240,000
3／31	（借方）前　払　保　険　料	90,000	（貸方）保　　険　　料	90,000
〃	（借方）受　取　家　賃	80,000	（貸方）前　受　家　賃	80,000

解 説

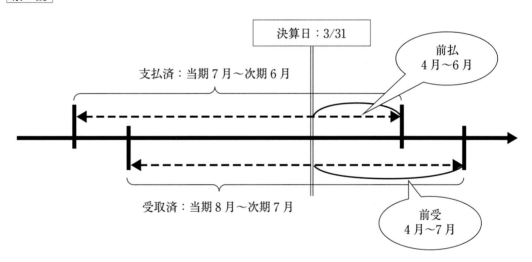

期中に支払った保険料　　　：当期7月〜次期6月分

保険料の前払分　　　　　　：翌期4月〜6月分

となるので，前払保険料の金額は下記の計算の通りである。

$$¥360,000 \times \frac{3 \, カ月}{12 \, カ月} = ¥90,000$$

期中に受け取った家賃　　　：当期 8 月～次期 7 月分
家賃の前受分　　　　　　　：翌期 4 月～6 月分

となるので，前受家賃の金額は下記の計算の通りである。

$$\yen240{,}000 \times \frac{4\,\text{カ月}}{12\,\text{カ月}} = \yen80{,}000$$

なお，受取家賃に関してのみ総勘定元帳のようすを示すと下図のようになる。

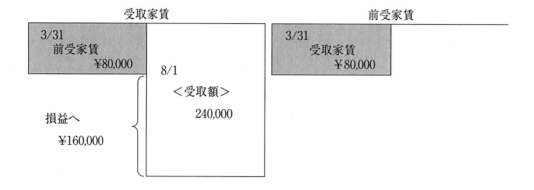

4．収益・費用の未収・未払い

　収益・費用の**未収・未払い**とは，当期の収益・費用となるべきものを計上していない場合，決算日にその部分を当期の収益・費用に加算するための手続きである。

（1）収益の未収
　収益の未収は，当期の収益・費用となるべき金額を収益の勘定の貸方に計上するとともに「未収○○」（一時的な“資産”，○○には対応する収益勘定が入る。受取利息なら「未収利息」，受取家賃なら「未収家賃」となる）勘定の借方に計上する。

（2）費用の未払い
　費用の未払いは，当期の収益・費用となるべき金額を費用の勘定の借方に計上するとともに「未払○○」（一時的な“負債”，○○には対応する収益勘定が入る。支払利息なら「未払利息」，支払家賃なら「未払家賃」となる）勘定の貸方に計上する。

（3）再振替仕訳
　収益・費用の未収・未払いについても，決算翌日（翌期の期首）に再振替仕訳を行う。

	借 方		貸 方	
収益・費用 の発生	△ △	×××	受 取 利 息	×××
	支 払 利 息	×××	△ △	×××
収益・費用 の繰延	未 収 利 息	×××	受 取 利 息	×××
	支 払 利 息	×××	未 払 利 息	×××
再振替	受 取 利 息	×××	未 収 利 息	×××
	未 払 利 息	×××	支 払 利 息	×××

例題 16.2

次の取引を仕訳しなさい。なお当店の会計期間は 4 月 1 日～3 月 31 日である。

10 月 1 日　岡山不動産と営業用店舗の賃貸契約（1 年間，¥360,000）を結び，家賃は契約 満了日に支払うこととなった。

11 月 1 日　山口会社に対し現金 ¥120,000 を年利 2%，1 年間の契約で貸し付けた。利息は 返済時に元本とともに受け取る。

3 月 31 日　決算にあたり，10 月 1 日に契約した賃貸契約における家賃の未払分と 11 月 1 日に契約した貸付けにともなう利息の未収分について必要な処理を行う。

解 答

10/1		仕 訳 な し				
11/1	（借方）貸 付 金	120,000	（貸方）現 金	120,000
3/31	（借方）支 払 家 賃	180,000	（貸方）未 払 家 賃	180,000
〃	（借方）未 収 利 息	1,000	（貸方）受 取 利 息	1,000

解 説

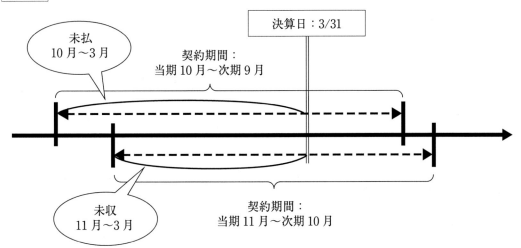

賃貸借期間　　　　　：当期 10 月 1 日〜次期 9 月末日
家賃の未払分　　　　：当期 10 月〜3 月分

となるので，未払家賃の金額は下記の計算の通りである。

$$¥360,000 × \frac{6 カ月}{12 カ月} = ¥180,000$$

金銭貸借期間　　　　：当期 11 月 1 日〜次期 10 月末日
利息の未収分　　　　：当期 11 月〜3 月分

となるので，未収利息の金額は下記の計算の通りである。

$$¥120,000 × 2\% × \frac{5 カ月}{12 カ月} = ¥1,000$$

なお，家賃に関してのみ総勘定元帳（略式）を示すと下図のようになる。

5．消耗品と貯蔵品

（1）消　耗　品

　消耗品とは，事務用品などの比較的少額で，短期的に消費される物品のことをいう。消耗品については，その購入額を「消耗品費」（費用）として計上する。たとえ期末に未使用分が残っていても，繰り延べ処理を行わないのが通常である。

（2）貯蔵品：郵便切手と収入印紙

　郵便切手や収入印紙などは，購入時にそれぞれ「通信費」（費用），「租税公課」（費用）として処理するが，期末に残った未消費分については，決算において「貯蔵品」（資産）に振り替え，繰り延べ処理を行う。これは郵便切手や収入印紙は換金性が高く，金額的にも重要となる可能性があるからである。

例題 16.3

次の取引を仕訳しなさい。

① 消耗品￥15,000，郵便切手￥3,500 と収入印紙￥5,000 を購入し，代金は現金で支払った。

② 決算に際し，棚卸しをしたところ，消耗品の未使用分が￥7,500，郵便切手の未使用分が￥1,000，収入印紙の未使用分が￥2,000 あることが判明した。

解 答

①	（借方）消 耗 品 費	15,000	（貸方）現 　 金	23,500		
	通 信 費	3,500				
	租 税 公 課	5,000				
②	（借方）貯 蔵 品	3,000	（貸方）通 信 費	1,000		
			租 税 公 課	2,000		

【練習問題】

問題 16－1 決算時に必要な仕訳を示しなさい。

（1）未払家賃が￥150,000 ある。

（2）前払保険料が￥60,000 ある。

（3）未収利息が￥75,000 ある。

（4）前受手数料が￥50,000 ある。

	借方科目	金　額	貸方科目	金　額
（1）				
（2）				
（3）				
（4）				

問題 16－2　次の一連の取引の仕訳をしなさい。なお当店の会計期間は 1 月 1 日～12 月 31 日である。

（1）　4/1　向こう 1 年分の家賃￥840,000 を現金で支払った。

　　12/31　決算にあたり，4/1 に支払った家賃のうち前払い分について必要な処理を行った。

　　1/1　前期末の前払い処理について，再振替仕訳を行った。

（2）　7/1　銀行より現金￥600,000 を借り入れた（借入期間 1 年間，年利 4％）。利息は返済時に元金とともに支払うことになっている。

　　12/31　決算にあたり，7/1 の借入金に係る利息のうち未払い分について必要な処理を行った。

　　1/1　前期末の未払い処理について，再振替仕訳を行った。

		借方科目	金　額	貸方科目	金　額
（1）	4 / 1				
	12/31				
	1 / 1				
（2）	7 / 1				
	12/31				
	1 / 1				

問題 16－3　以下の取引の仕訳を示しなさい。

（1）事務用消耗品費￥6,000 および郵便切手￥10,000，収入印紙￥7,500 を購入し，代金は小切手を振り出して支払った。

（2）決算日現在，事務用消耗品費の未使用分が￥3,000，郵便切手の未使用分が￥2,800，収入印紙の未使用分が￥4,000 あった。

	借方科目	金　額	貸方科目	金　額
（1）				
（2）				

第17章　伝　　票

1．伝票会計制度

　伝票会計制度とは，仕訳帳に代えて伝票を用いて取引を記録するための仕組みである。

　商店規模が大きくなり，取引が行われる回数が多くなったり，取引が多様になると，すべての取引を仕訳帳という一冊の帳簿に記入させることが難しくなってくる。伝票会計制度は，このような問題を解消するために考えられた仕組みである。

　伝票の中には，簿記の知識がない人々でも記入できるように記入欄が工夫されているものもある。これは伝票会計制度が会計業務の分担を意識して作られていることの表れともいえる。

2．3 伝票制

　3 伝票制は入金伝票，出金伝票，および振替伝票を使用する方法である。

　入金伝票は現金の入金すなわち増加取引に使用され，**出金伝票**は現金の出金すなわち減少取引に使用される。**振替伝票**は現金の入出金を伴わない取引で使用される。入金伝票および出金伝票は上記の通り特定の取引に使用されるので，借方・貸方の一方が現金勘定と決まっている。そのためもう一方には相手勘定のみを記入する。振替伝票は借方・貸方の勘定をそれぞれ記入する必要がある。

例題 17.1

次の 20X2 年 5 月 8 日にあった取引を起票しなさい。なお当店では 3 伝票制を採用している。
① 富山商店から売掛金￥70,000 を現金で回収した。
② 石川商店へ買掛金￥56,000 を現金で支払った。
③ 福井商店から商品￥160,000 を仕入れ，代金は小切手を振り出して支払った。

---

①

<table>
<tr><td colspan="4" align="center">入　金　伝　票</td></tr>
<tr><td colspan="2">20X2 年 5 月 8 日</td><td colspan="2" align="right">No.81</td></tr>
<tr><td>科　目</td><td></td><td>入　金　先</td><td></td></tr>
<tr><td colspan="3" align="center">摘　　　　　要</td><td align="center">金　　額</td></tr>
<tr><td colspan="3"></td><td></td></tr>
<tr><td colspan="3"></td><td></td></tr>
<tr><td colspan="3" align="center">合　　計</td><td></td></tr>
</table>

②

<table>
<tr><td colspan="4" align="center">出　金　伝　票</td></tr>
<tr><td colspan="2">20X2 年 5 月 8 日</td><td colspan="2" align="right">No.91</td></tr>
<tr><td>科　目</td><td></td><td>出　金　先</td><td></td></tr>
<tr><td colspan="3" align="center">摘　　　　　要</td><td align="center">金　　額</td></tr>
<tr><td colspan="3"></td><td></td></tr>
<tr><td colspan="3"></td><td></td></tr>
<tr><td colspan="3" align="center">合　　計</td><td></td></tr>
</table>

③

<table>
<tr><td colspan="7" align="center">振　替　伝　票</td></tr>
<tr><td colspan="3">20X2 年 5 月 8 日</td><td colspan="4" align="right">No.101</td></tr>
<tr><td>勘定科目</td><td>元丁</td><td>借　　　方</td><td>勘定科目</td><td>元丁</td><td>貸　　　方</td></tr>
<tr><td></td><td></td><td></td><td></td><td></td><td></td></tr>
<tr><td></td><td></td><td></td><td></td><td></td><td></td></tr>
<tr><td></td><td></td><td></td><td></td><td></td><td></td></tr>
<tr><td align="center">合　　計</td><td></td><td></td><td align="center">合　　計</td><td></td><td></td></tr>
<tr><td>摘要</td><td colspan="5"></td></tr>
</table>

解　答

①

入　金　伝　票

20X2 年 5 月 8 日　　　　　No.81

科　　目	売掛金	入　金　先	富山商店
摘　　　　要			金　　額
売掛金回収			70,000
合　　計			70,000

②

出　金　伝　票

20X2 年 5 月 8 日　　　　　No.91

科　　目	買掛金	出　金　先	石川商店
摘　　　　要			金　　額
買掛金支払			56,000
合　　計			56,000

③

振　替　伝　票

20X2 年 5 月 8 日　　　　　No.101

勘定科目	元丁	借　　方	勘定科目	元丁	貸　　方
仕　入		160,000	当座預金		160,000
合　計		160,000	合　計		160,000
摘要		福井商店より商品仕入れ・小切手払い			

　これら起票された伝票をもとに，会計責任者は取引を総勘定元帳に転記する。転記の際はこれらの伝票の元丁欄に転記先の勘定口座がある総勘定元帳のページ番号を記入し，総勘定元帳の仕丁欄にそれぞれの伝票の番号を記入する。

　商品仕入や売上の際の代金決済が，掛と現金で行われる場合など，入金および出金が代金の回収額や支払額の一部である場合（このような取引を「**一部振替取引**」という）3伝票制のもとでは，取引を現金取引部分とその他の部分に分ける必要がある。取引を分解する方法には次の2つがある。1つは，取引を分解する方法で，現金の相手勘定を現金取引額と残りの金額に分解し，それぞれを起票する方法である。もう1つの方法は取引を擬制する

方法で，取引金額のすべてを振替伝票で起票した上で，その一部が入金または出金された
と擬制して入金伝票または出金伝票を起票する方法である。

例題 17.2

　次の一部振替取引を（1）取引を分解する方法，（2）取引を擬制する方法で起票しなさい。
　長野商店から商品￥150,000を仕入れ，代金のうち￥80,000を現金で支払い，残りは掛とし
た。

（1）

出金伝票	
（　　　）	（　　　）

振　替　伝　票			
借方科目	金額	貸方科目	金額
（　　　）	（　　　）	（　　　）	（　　　）

（2）

出金伝票	
（　　　）	（　　　）

振　替　伝　票			
借方科目	金額	貸方科目	金額
（　　　）	（　　　）	（　　　）	（　　　）

解　答

（1）

出金伝票	
仕　入	80,000

振　替　伝　票			
借方科目	金額	貸方科目	金額
仕　入	70,000	買掛金	70,000

（2）

出金伝票	
買掛金	80,000

振　替　伝　票			
借方科目	金額	貸方科目	金額
仕　入	150,000	買掛金	150,000

3．仕訳日計表

　伝票から総勘定元帳や補助元帳に直接転記することもあるが，一定期間ごとに伝票を分
類・集計して集計表を作成し，これから転記することが多い。1日分の伝票の諸勘定の借
方と貸方の金額を勘定科目別に分類集計し，1つの表にまとめたものを**仕訳日計表**とい

う。仕訳日計表にまとめることにより，大量の伝票を総勘定元帳や補助元帳に直接転記するよりも手間と時間が省ける。また借方・貸方の合計の一致を確認することができ，記帳の集計の誤りのチェックもできる。

（1）伝票から仕訳日計表への転記

3伝票制では入金伝票の総額は仕訳日計表の現金勘定の借方に，出金伝票の総額は仕訳日計表の現金勘定の貸方に記入される。一方，それぞれの伝票の摘要欄に記載されている相手勘定については，勘定科目ごとに集計して仕訳日計表の該当勘定の借方または貸方に記入される。

振替伝票についてはそれぞれの伝票の記入通りに勘定科目ごとに集計して仕訳日計表の該当勘定の借方または貸方に記入される。

例題 17.3

山形商店は，毎日の取引を入金伝票，出金伝票，および振替伝票に記入し，これを1日ずつ集計して仕訳日計表を作成している。同店の20X3年9月2日の取引に際して作成された以下の伝票（略式）に基づいて，仕訳日計表（元丁欄の記入は不要である）を完成させなさい。

| 入金伝票　　No.101 |
| 売掛金　　　4,000 |
| （岡山商店） |

| 出金伝票　　No.101 |
| 買掛金　　　4,000 |
| （香川商店） |

| 入金伝票　　No.102 |
| 売掛金　　　5,000 |
| （山口商店） |

| 出金伝票　　No.102 |
| 通信費　　　4,000 |

| 入金伝票　　No.103 |
| 売　上　　　7,000 |
| （山口商店） |

| 振替伝票　　　　　　　No.301 |
| 売掛金　　12,000　　売　上　　12,000 |
| （岡山商店） |

<table>
<tr><td colspan="3" align="center">振替伝票</td><td align="right">No.302</td></tr>
<tr><td>仕　入</td><td>70,000</td><td>買掛金</td><td>70,000</td></tr>
<tr><td></td><td></td><td>（香川商店）</td><td></td></tr>
</table>

仕 訳 日 計 表
20X3 年 9 月 2 日　　　　　1

借　方	元丁	勘定科目	元丁	貸　方
	1	現　　　　金	1	
	2	売　　掛　　金	2	
	3	買　　掛　　金	3	
		売　　　　上	4	
	5	仕　　　　入		
	6	通　　信　　費		

解　答

仕 訳 日 計 表
20X3 年 9 月 2 日　　　　　1

借　方	元丁	勘定科目	元丁	貸　方
16,000	1	現　　　　金	1	8,000
12,000	2	売　　掛　　金	2	9,000
4,000	3	買　　掛　　金	3	70,000
		売　　　　上	4	19,000
70,000	5	仕　　　　入		
4,000	6	通　　信　　費		
106,000				106,000

（2）仕訳日計表から総勘定元帳への転記

　伝票から仕訳日計表への転記のあとに，総勘定元帳への合計転記を行う。この時，各勘定の摘要欄には「仕訳日計表」と記入し，仕丁欄には仕訳日計表のページ数を記入する。

例題 17.4

　例題 17.3 の仕訳日計表をもとに，総勘定元帳の現金，買掛金，仕入勘定へ転記しなさい。

総 勘 定 元 帳

現　　金　　　　　1

20X3 年		摘　要	仕丁	借　方	貸　方	借/貸	残　高
1	1	前期繰越	✓	15,000		借	15,000

買　掛　金　　　　　3

20X3 年		摘　要	仕丁	借　方	貸　方	借/貸	残　高
1	1	前期繰越	✓		2,500	貸	2,500

仕　　入　　　　　5

20X3 年		摘　要	仕丁	借　方	貸　方	借/貸	残　高

解　答

総 勘 定 元 帳

現　　金　　　　　1

20X3 年		摘　要	仕丁	借　方	貸　方	借/貸	残　高
1	1	前期繰越	✓	15,000		借	15,000
9	2	仕訳日計表	1	16,000		〃	31,000
〃	〃	〃	〃		8,000	〃	23,000

買　掛　金　　　　　3

20X3 年		摘　要	仕丁	借　方	貸　方	借/貸	残　高
1	1	前期繰越	✓		2,500	貸	2,500
9	2	仕訳日計表	1		70,000	〃	72,500
〃	〃	〃	〃	4,000		〃	68,500

仕　　入　　　　　5

20X3 年		摘　要	仕丁	借　方	貸　方	借/貸	残　高
9	2	仕訳日計表	1	70,000		借	70,000

（3）補助元帳への転記

仕訳日計表を作成し，総勘定元帳へ合計転記をする場合でも，**補助元帳**へは，それぞれの伝票から直接転記を行う。得意先元帳および仕入先元帳には，相手先がわかるよう人名勘定が設定されており，伝票に記載されている相手先ごとに集計していく。その際，摘要欄には，伝票の名称を，仕丁欄には伝票番号が記載される。

例題 **17.5**

例題 17.3 の伝票から得意先元帳へ転記しなさい。

補　助　元　帳
得　意　先　元　帳
岡　山　商　店　　　　　　1

20X3 年		摘　要	仕丁	借　方	貸　方	借/貸	残　高
1	1	前期繰越	✓	5,000		借	5,000

山　口　商　店　　　　　　2

20X3 年		摘　要	仕丁	借　方	貸　方	借/貸	残　高
1	1	前期繰越	✓	17,000		借	17,000

解　答

補　助　元　帳
得　意　先　元　帳
岡　山　商　店　　　　　　1

20X3 年		摘　要	仕丁	借　方	貸　方	借/貸	残　高
1	1	前期繰越	✓	5,000		借	5,000
9	2	入金伝票	No.101		4,000	〃	1,000
〃	〃	振替伝票	No.301	12,000		〃	13,000

20X3 年		摘　要	仕丁	借　方	貸　方	借/貸	残　高
1	1	前期繰越	✓	17,000		借	17,000
9	2	入金伝票	No.102		5,000	〃	12,000
〃	〃	入金伝票	No.103		7,000	〃	2,000

山　口　商　店　　　　　　　　　　2

【練習問題】 ━━━━━━━━━━━━━━━━━━━━━━━━━━━━━

問題 17－1　　3伝票制を採用している場合，次の取引で起票される伝票を答えなさい。

① 買掛金の支払いのため現金￥500,000 を支払った。

② 売掛金の回収として現金￥300,000 を受け取った。

③ 神奈川商店に商品￥300,000 を売り渡し，代金のうち￥50,000 は現金で受け取り，残額は掛とした。

①	
②	
③	

問題 17－2　　以下の伝票記入（略式）に基づく取引を推定し，伝票を用いなかった場合のその取引の仕訳を示しなさい。

①

出金伝票
仕　入　　　550,000

振　替　伝　票			
借方科目	金額	貸方科目	金額
仕　入	200,000	買掛金	200,000

②

入金伝票
売掛金　　　300,000

振　替　伝　票			
借方科目	金額	貸方科目	金額
売掛金	500,000	売　上	500,000

	借方科目	金　　額	貸方科目	金　　額
①				
②				

問題 17－3 山形商店は，毎日の取引を入金伝票，出金伝票，および振替伝票に記入し，これを１日ずつ集計して仕訳日計表を作成している。同店の 20X5 年 4 月 8 日の取引に際して作成された以下の伝票（略式）に基づいて，仕訳日計表（元丁欄の記入は不要である）を完成させ，総勘定元帳（現金・買掛金勘定のみ），補助元帳（仕入先元帳）における各勘定へ転記しなさい。

	入金伝票	No.101
売掛金		35,000
（茨城商店）		

	出金伝票	No.201
買掛金		19,000
（神奈川商店）		

	入金伝票	No.102
売　上		20,000

	出金伝票	No.202
買掛金		24,000
（山梨商店）		

	振替伝票		No.301
備　品	45,000	未払金	45,000

	振替伝票		No.302
仕　入	20,000	買掛金	20,000
		（山梨商店）	

仕 訳 日 計 表

20X5 年 4 月 8 日　　　　　1

借　方	元丁	勘定科目	元丁	貸　方
	1	現　　　　金	1	
		売　掛　金	2	
	3	備　　　　品		
	4	買　掛　金	4	
		未　払　金	5	
		売　　　　上	6	
	7	仕　　　　入		

164

総 勘 定 元 帳

現　　金

1

20X5 年		摘　　要	仕丁	借　　方	貸　　方	借/貸	残　　高
1	1	前期繰越	✓	25,000		借	25,000

買　　掛　　金

20X5 年		摘　　要	仕丁	借　　方	貸　　方	借/貸	残　　高
1	1	前期繰越	✓		50,000	貸	50,000

補　助　元　帳

仕　入　先　元　帳

神　奈　川　商　店

20X5 年		摘　　要	仕丁	借　　方	貸　　方	借/貸	残　　高
1	1	前期繰越	✓		23,000	貸	23,000

山　梨　商　店

20X5 年		摘　　要	仕丁	借　　方	貸　　方	借/貸	残　　高
1	1	前期繰越	✓		30,000	貸	30,000

第18章 決　算

1．決算手続

　決算手続とは，期中に行われた記録を整理，集計し，財務諸表（損益計算書および貸借対照表）を作成するまでの一連の手続のことをいう。本書8章で基本的な決算手続について学んだが，本章では，決算整理手続や8桁精算表，財務諸表の作成といったより発展的な方法を学んでいく。

2．試算表の作成

　試算表は，総勘定元帳の各勘定に転記された金額を集計し，1つの表にまとめたものである。これにより仕訳から総勘定元帳への転記が正しく行われたかどうか，チェックができる。試算表には，本書7章でみたとおり，①**合計試算表**，②**残高試算表**，③**合計残高試算表**の3種類がある。

例題 18.1

次の東京商事株式会社の 20X1 年 3 月 31 日時点の総勘定元帳（簡略版）の記録に基づいて，合計試算表，残高試算表，合計残高試算表を作成しなさい。

現　金		当座預金		売掛金	
50,000	24,000	30,000	15,000	25,000	10,000
30,000	12,000	10,000	75,000	40,000	40,000
36,000	15,000	40,000		80,000	

繰越商品		備　品		買掛金	
6,000		40,000		15,000	10,000
				75,000	25,000
					30,000
					45,000

借入金		貸倒引当金		資本金	
15,000	45,000		1,000		90,000

繰越利益剰余金		売　上		受取家賃	
	5,000		70,000		36,000
			80,000		

仕　入		給　料		保険料	
25,000		24,000		12,000	
30,000					
45,000					

① 合計試算表

合 計 試 算 表
20X1 年 3 月 31 日

借　方	勘定科目	貸　方
	現　　　　　金	
	当 座 預 金	
	売 　掛　 金	
	繰 越 商 品	
	備　　　　品	
	買 　掛　 金	
	借 　入　 金	
	貸 倒 引 当 金	
	資 　本　 金	
	繰越利益剰余金	
	売　　　　上	
	受 取 家 賃	
	仕　　　　入	
	給　　　　料	
	保 　険　 料	

② 残高試算表

残 高 試 算 表
20X1 年 3 月 31 日

借　方	勘定科目	貸　方
	現　　　　　金	
	当 座 預 金	
	売 　掛　 金	
	繰 越 商 品	
	備　　　　品	
	買 　掛　 金	
	借 　入　 金	
	貸 倒 引 当 金	
	資 　本　 金	
	繰越利益剰余金	
	売　　　　上	
	受 取 家 賃	
	仕　　　　入	
	給　　　　料	
	保 　険　 料	

③ 合計残高試算表

合 計 残 高 試 算 表
20X1 年 3 月 31 日

借 方		勘定科目	貸 方	
残 高	合 計		合 計	残 高
		現　　　　　金		
		当 座 預 金		
		売 　掛　 金		
		繰 越 商 品		
		備　　　　　品		
		買 　掛　 金		
		借 　入　 金		
		貸 倒 引 当 金		
		資 　本　 金		
		繰越利益剰余金		
		売　　　　　上		
		受 取 家 賃		
		仕　　　　　入		
		給　　　　料		
		保 　険　 料		

解 答

① 合計試算表

合 計 試 算 表
20X1 年 3 月 31 日

借　　方	勘定科目	貸　　方
116,000	現　　　　　金	51,000
80,000	当 座 預 金	90,000
145,000	売 　掛　 金	50,000
6,000	繰 越 商 品	
40,000	備　　　　品	
90,000	買 　掛　 金	110,000
15,000	借 　入　 金	45,000
	貸 倒 引 当 金	1,000
	資 　本　 金	90,000
	繰越利益剰余金	5,000
	売　　　　上	150,000
	受 取 家 賃	36,000
100,000	仕　　　　入	
24,000	給　　　　料	
12,000	保 　険　 料	
628,000		628,000

② 残高試算表

残 高 試 算 表
20X1 年 3 月 31 日

借　　方	勘定科目	貸　　方
65,000	現　　　　　金	
	当 座 預 金	10,000
95,000	売 　掛　 金	
6,000	繰 越 商 品	
40,000	備　　　　品	
	買 　掛　 金	20,000
	借 　入　 金	30,000
	貸 倒 引 当 金	1,000
	資 　本　 金	90,000
	繰越利益剰余金	5,000
	売　　　　上	150,000
	受 取 家 賃	36,000
100,000	仕　　　　入	
24,000	給　　　　料	
12,000	保 　険　 料	
342,000		342,000

③　合計残高試算表

合　計　残　高　試　算　表
20X1 年 3 月 31 日

| 借　方 | | 勘定科目 | 貸　方 | |
残　高	合　計		合　計	残　高
65,000	116,000	現　　　　　金	51,000	
	80,000	当　座　預　金	90,000	10,000
95,000	145,000	売　　掛　　金	50,000	
6,000	6,000	繰　越　商　品		
40,000	40,000	備　　　　　品		
	90,000	買　　掛　　金	110,000	20,000
	15,000	借　　入　　金	45,000	30,000
		貸　倒　引　当　金	1,000	1,000
		資　　本　　金	90,000	90,000
		繰　越　利　益　剰　余　金	5,000	5,000
		売　　　　　上	150,000	150,000
		受　取　家　賃	36,000	36,000
100,000	100,000	仕　　　　　入		
24,000	24,000	給　　　　　料		
12,000	12,000	保　　険　　料		
342,000	628,000		628,000	342,000

3．決算整理と棚卸表の作成

　決算整理とは，決算に際し，財務諸表に表示される金額が当期の財政状態と経営成績を正しく表示するよう行われる手続きのことである。期中の取引記録そのままでは正しい財務諸表の作成はできない。例えば，一部の収益・費用について当期の損益計算ができるように前受け・前払い・未収・未払いの処理をする必要がある。さらに固定資産の減価償却や売上債権に対する貸倒引当金の設定など，期中すべての取引が記録され各勘定の残高が確定しないと計算できないものもある。このように，当期の損益計算や各残高の確定のために必要に応じて決算整理仕訳を行わなければならない。

　決算整理仕訳を行うにあたり，必要な決算整理事項を列挙した「**棚卸表**」を作成する必要がある。

棚　卸　表

20X1 年 3 月 31 日

決算整理事項	摘　要	金　額
現 金 過 不 足		×××
繰 越 商 品		×××
貸倒引当金繰入		×××
減 価 償 却 費		×××
前 払 保 険 料		×××

本書で学んできた主な決算整理事項は以下の通りである。

主な決算整理事項

① 　売上原価の計算【10 章】

② 　現金過不足の処理【9 章】

③ 　当座借越の振替処理【10 章】

④ 　貸倒引当金の設定【11 章】

⑤ 　減価償却費の計上【15 章】

⑥ 　収益の前受け・費用の前払い・収益の未収・費用の未払いの処理【17 章】

⑦ 　貯蔵品の処理【17 章】

⑧ 　消費税の処理【16 章】

⑨ 　法人税，住民税および事業税の計上【16 章】

4．決算整理後残高試算表の作成

　決算整理事項を総勘定元帳へ転記後，決算整理仕訳，およびその転記が正しく行われたかどうか確かめるために期中の記録をもとに作成された決算整理前の残高試算表に決算整理仕訳を反映させて，「**決算整理後残高試算表**」を作成する。決算整理後の各勘定残高を一覧で確認でき，財務諸表の作成の基礎となるものである。

例題 18.2

　次の（A）残高試算表と（B）決算整理事項に基づいて，①決算整理仕訳を行い，②決算整理後残高試算表を作成しなさい。

（A）残高試算表（例題 18.1 におなじ）

残 高 試 算 表
20X1 年 3 月 31 日

借　　方	勘定科目	貸　　方
65,000	現　　　　　　金	
	当　座　預　金	10,000
95,000	売　　掛　　金	
6,000	繰　越　商　品	
40,000	備　　　　　　品	
	買　　掛　　金	20,000
	借　　入　　金	30,000
	貸　倒　引　当　金	1,000
	資　　本　　金	90,000
	繰越利益剰余金	5,000
	売　　　　　　上	150,000
	受　取　家　賃	36,000
100,000	仕　　　　　　入	
24,000	給　　　　　料	
12,000	保　　険　　料	
342,000		342,000

（B）決算整理事項

① 現金の実際手許有高は¥64,000であった。

② 当座預金の貸方残高を当座借越に振り替える。

③ 売掛金の期末残高に対し3%の貸倒引当金を設定する。差額補充法によること。

④ 期末商品棚卸高は，¥7,500である。売上原価は「仕入」の行で計算する。

⑤ 備品について定額法により減価償却を行う。ただし，残存価額は取得原価の10%，耐用年数は10年とする。

⑥ 受取家賃の前受分が¥6,000ある。

⑦ 支払利息の未払分が¥1,000ある。

⑧ 法人税，住民税および事業税を¥8,050計上する。

②

決算整理後残高試算表

20X1 年 3 月 31 日

借　方	勘　定　科　目	貸　方
	現　　　　　　　　金	
	当　座　預　金	
	売　　　掛　　　金	
	繰　越　商　品	
	備　　　　　　　品	
	買　　　掛　　　金	
	借　　　入　　　金	
	貸　倒　引　当　金	
	資　　　本　　　金	
	繰　越　利　益　剰　余　金	
	売　　　　　　　上	
	受　取　家　賃	
	仕　　　　　　　入	
	給　　　　　　　料	
	保　　　険　　　料	
	雑　　　　　　　損	
	当　座　借　越	
	貸　倒　引　当　金　繰　入	
	減　価　償　却　費	
	備　品　減　価　償　却　累　計　額	
	（　　　　　）家　　　賃	
	（　　　　　）保　険　料	
	法人税, 住民税および事業税	
	（　　　　　　　　　　）	

解　答

① 決算整理仕訳

①	(借方)	雑　　　　　損	1,000	(貸方)	現　　　　　金	1,000
②	(借方)	当 座 預 金	10,000	(貸方)	当 座 借 越	10,000
③	(借方)	貸 倒 引 当 金 繰 入	1,850	(貸方)	貸 倒 引 当 金	1,850
④	(借方)	仕　　　　　入	6,000	(貸方)	繰 越 商 品	6,000
		繰 越 商 品	7,500		仕　　　　　入	7,500
⑤	(借方)	減 価 償 却 費	3,600	(貸方)	備品減価償却累計額	3,600
⑥	(借方)	受 取 家 賃	6,000	(貸方)	前 受 家 賃	6,000
⑦	(借方)	保　　険　　料	1,000	(貸方)	未 払 保 険 料	1,000
⑧	(借方)	法 人 税, 住 民 税 および 事 業 税	8,050	(貸方)	未 払 法 人 税 等	8,050

②

決算整理後残高試算表
20X1 年 3 月 31 日

借　　方	勘　定　科　目	貸　　方
64,000	現　　　　　　　金	
	当　座　預　金	
95,000	売　　掛　　金	
7,500	繰　越　商　品	
40,000	備　　　　　　　品	
	買　　掛　　金	20,000
	借　　入　　金	30,000
	貸　倒　引　当　金	2,850
	資　　本　　金	90,000
	繰　越　利　益　剰　余　金	5,000
	売　　　　　　　上	150,000
	受　　取　　家　　賃	30,000
98,500	仕　　　　　　　入	
24,000	給　　　　　　　料	
13,000	保　　険　　料	
1,000	雑　　　　　　　損	
	当　座　借　越	10,000
1,850	貸　倒　引　当　金　繰　入	
3,600	減　価　償　却　費	
	備　品　減　価　償　却　累　計　額	3,600
	(前　受) 家　　賃	6,000
	(未　払) 保　険　料	1,000
8,050	法人税, 住民税および事業税	
	(未　払　法　人　税　等)	8,050
356,500		356,500

5．精算表の作成

　精算表とは，残高試算表の金額に決算整理仕訳の結果を加減し，財務諸表に記載すべき金額を計算する目的で作成されるものである。

　試算表は残高試算表欄，修正記入欄，損益計算書欄，貸借対照表欄が設けられ，それぞれに借方欄，貸方欄があるので，「8桁精算表」と呼ばれる。試算表を作成することにより，決算のあらましを知ることができる。

　決算整理仕訳の結果は，修正記入欄に記入するが，決算整理仕訳には期中の取引では使われていない勘定科目（貸倒引当金繰入勘定，減価償却費勘定など）も使用される。決算整理仕訳の結果を記入する際に勘定科目が足りない場合は，残高試算表の勘定科目に続けて新しく使用された勘定科目を追加する必要がある。

例題 18.3

現金過不足の決算整理仕訳について下記精算表の修正記入欄に必要事項を書き入れなさい。
- 決算日の現金実際有高は￥26,100であった。

精　算　表

勘定科目	残高試算表		修正記入		損益計算書		貸借対照表	
	借　方	貸　方	借　方	貸　方	借　方	貸　方	借　方	貸　方
現　　　金	26,400							
(中　　略)								
	1,120,400	1,120,400						
（　　　　　）								
(後　　略)								

解　答

精　算　表

勘定科目	残高試算表		修正記入		損益計算書		貸借対照表	
	借　方	貸　方	借　方	貸　方	借　方	貸　方	借　方	貸　方
現　　　金	26,400			300				
(中　　略)								
	1,120,400	1,120,400						
(雑　　損)			300					
(後　　略)								

(借方)　雑損　300　(貸方)　現金　300

雑損勘定を追加する

　損益計算書欄および貸借対照表欄は，残高試算表欄の金額に修正記入欄の金額を加減算して求められる。その加減算の方法は，以下のとおりである。

精　算　表

勘定科目	残高試算表		修正記入		損益計算書		貸借対照表	
	借　方	貸　方	借　方	貸　方	借　方	貸　方	借　方	貸　方
資 産 の 勘 定	1,000		+50	−30			1,020	
負 債 の 勘 定		300	−50	+30				280
純 資 産 の 勘 定		500	−50	+30				480
収 益 の 勘 定		700	−50	+30		680		
費 用 の 勘 定	500		+50	−30	520			

　資産の勘定を例に見てみると，残高試算表欄の借方金額¥1,000に修正記入欄の借方金額¥50を加え，貸方金額¥30を差し引くことによって貸借対照表欄の借方残高は¥1,020と計算される。一方，収益の勘定は，残高試算表欄の貸方金額¥700に修正記入欄の貸方金額¥30を加え，借方金額¥50を差し引くことによって損益計算書欄の貸方残高は¥680と計算される。すなわち，残高試算表欄の残高が記入されている側と同じ側の修正記入欄の金額を加算し，異なる側の金額は減算するという仕組みになる。

　損益計算書および貸借対照表への記入が終わったら，損益計算書および貸借対照表の借方，貸方それぞれの合計額を計算し，その差額を当期純損益として計上する。損益計算書欄の借方および貸借対照表欄の貸方に差額が記入される場合は，当期純利益であり，損益計算書欄の貸方および貸借対照表欄の借方に差額が記入される場合は，当期純損失となる。

例題18.2を参考に精算表を作成すると下記のようになる。

精　算　表

勘定科目	残高試算表		修正記入		損益計算書		貸借対照表	
	借　方	貸　方	借　方	貸　方	借　方	貸　方	借　方	貸　方
現　　　　金	65,000			1,000			64,000	
当 座 預 金		10,000	10,000					
売 　掛　 金	95,000						95,000	
繰 越 商 品	6,000		7,500	6,000			7,500	
備　　　　品	40,000						40,000	
買 　掛　 金		20,000						20,000
借 　入　 金		30,000						30,000
貸 倒 引 当 金		1,000		1,850				2,850
資 　本　 金		90,000						90,000
繰越利益剰余金		5,000						5,000
売 　　　 上		150,000				150,000		
受 取 家 賃		36,000	6,000			30,000		
仕 　　　 入	100,000		6,000	7,500	98,500			
給 　　　 料	24,000				24,000			
保 　険　 料	12,000		1,000		13,000			
	342,000	342,000						
雑 　　　 損			1,000		1,000			
当 座 借 越				10,000				10,000
貸倒引当金繰入			1,850		1,850			
減 価 償 却 費			3,600		3,600			
備品減価償却累計額				3,600				3,600
前 受 家 賃				6,000				6,000
未 払 保 険 料				1,000				1,000
法人税, 住民税および事業税			8,050		8,050			
未 払 法 人 税 等				8,050				8,050
当 期 純 利 益					**30,000**			30,000
			45,000	45,000	180,000	180,000	206,500	206,500

6．総勘定元帳の締め切り

　決算整理仕訳を総勘定元帳へ転記したら，決算本手続きに入る。決算本手続きの中でも重要な手続きが総勘定元帳の締切りである。8章で学んだように，まず収益および費用の勘定を締め切り，純損益を繰越利益剰余金勘定へ振り替え，次に資産，負債，純資産の勘定を締め切る。

収益勘定→損益勘定		（借方）　　（収益の勘定）　×××　（貸方）　　損　　　　益　×××
費用勘定→損益勘定		（借方）　　損　　　　益　×××　（貸方）　（費用の勘定）　×××
損益勘定→ 繰越利益 剰余金	純利益	（借方）　　損　　　　益　×××　（貸方）　　繰越利益剰余金　×××
	純損失	（借方）　　繰越利益剰余金　×××　（貸方）　　損　　　　益　×××

　期中に収益および費用の発生以外に純資産の増減要素がない場合，収益および費用の勘定と繰越利益剰余金の勘定の関係をまとめると下記のようになる。

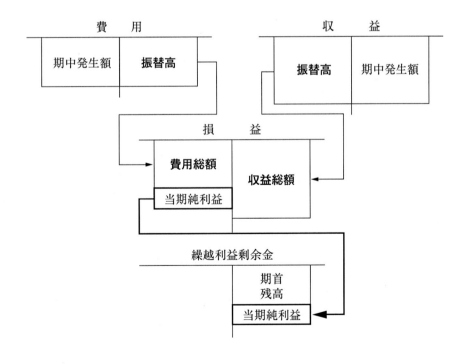

決算にあたり次の取引を仕訳しなさい。

① 当期の売上高￥670,000 を損益勘定へ振り替えた。

② 当期の給料￥240,000 と支払保険料￥50,000 を損益勘定へ振り替えた。

③ 当期純利益￥380,000 を繰越利益剰余金勘定へ振り替えた。

解 答

①	（借方）売	上	670,000	（貸方）損	益	670,000
②	（借方）損	益	290,000	（貸方）給	料	240,000
				支 払 保 険 料		50,000
③	（借方）損	益	380,000	（貸方）繰 越 利 益 剰 余 金		380,000

7．財務諸表の作成

決算本手続きを終えたら，財務諸表の作成に入る。

損益計算書は，会社の経営成績を明らかにするために，当期の収益および費用の明細を一覧表示したものである。損益計算書は基本的に損益勘定に集計された収益および費用の勘定科目名をそのまま示せばよいが，以下のものは損益計算書作成にあたって書き方を代えなければならない。

① 売上勘定 → 「**売上高**」勘定

② 仕入勘定 → 「**売上原価**」勘定

③ 損益勘定から繰越利益剰余金勘定への振替え額は「当期純利益」または「当期純損失」とする。

貸借対照表は，会社の財政状態を明らかにするために，決算日における資産，負債および純資産の明細を一覧表示したものである。貸借対照表は基本的に決算整理後残高試算表に集計された資産，負債および純資産の勘定科目名をそのまま示せばよいが，以下のものは貸借対照表作成にあたって書き方を変えなければならない。

① 貸倒引当金，減価償却累計額は，対応する資産（売掛金等の売上債権及び建物等の固定資産）の金額から控除する形式で表示される。

② 繰越商品勘定 → 「**商品**」勘定

③ 繰越利益剰余金の金額は，期首繰越利益剰余金残高に当期純利益または当期純損失の金額を加減算する。

例題 18.2 をもとに，財務諸表を作成しなさい。

損 益 計 算 書

東京商事株式会社　　20X0 年 4 月 1 日から 20X1 年 3 月 31 日まで

費　　用	金　　額	収　　益	金　　額
			180,000

貸 借 対 照 表

東京商事株式会社　　　　20X1 年 3 月 31 日

資　　　産	金　　額	負債および純資産	金　　額

損 益 計 算 書

東京商事株式会社　　20X0 年 4 月 1 日から 20X1 年 3 月 31 日まで

費　用	金　額	収　益	金　額
売 上 原 価	98,500	売 上 高	150,000
給　料	24,000	受 取 家 賃	30,000
保 険 料	13,000		
雑　損	1,000		
貸 倒 引 当 金 繰 入	1,850		
減 価 償 却 費	3,600		
法 人 税, 住 民 税 および 事 業 税	8,050		
当 期 純 利 益	**30,000**		
	180,000		180,000

貸 借 対 照 表

東京商事株式会社　　20X1 年 3 月 31 日

資　産	金　額		負債および純資産	金　額
現　金		64,000	当 座 借 越	10,000
売 掛 金	95,000		買 掛 金	20,000
貸 倒 引 当 金	2,850	92,150	借 入 金	30,000
商　品		7,500	資 本 金	90,000
備　品	40,000		繰 越 利 益 剰 余 金	35,000
備品減価償却累計額	3,600	36,400	前 受 家 賃	6,000
			未 払 保 険 料	1,000
			未 払 法 人 税 等	8,050
		200,050		200,050

解 説

　貸借対照表の期末繰越利益剰余金￥35,000＝期首繰越利益剰余金￥5,000＋当期純利益￥30,000 であることを確認すること。

【練 習 問 題】

問題 18-1 次の（A）決算整理前残高試算表と（B）決算整理事項に基づいて，決算整理後残高試算表を完成させなさい。なお会計期間は 20X1 年 1 月 1 日〜20X1 年 12 月 31 日である。

決算整理前残高試算表
20X1 年 12 月 31 日

借　　方	勘　定　科　目	貸　　方
580,000	現　　　　　　　金	
430,000	当　座　預　金	
700,000	売　　掛　　金	
150,000	繰　越　商　品	
360,000	備　　　　　　　品	
	買　　掛　　金	570,000
	借　　入　　金	360,000
	貸　倒　引　当　金	19,000
	備品減価償却累計額	48,000
	資　　本　　金	100,000
	繰　越　利　益　剰　余　金	55,000
	売　　　　　　　上	865,000
	受　取　家　賃	840,000
350,000	仕　　　　　　　入	
180,000	給　　　　　　　料	
20,000	支　払　利　息	
14,000	租　税　公　課	
51,000	通　信　費	
22,000	減　価　償　却　費	
2,857,000		2,857,000

（B） 決算整理事項

① 現金手元有高が¥590,000 であった。

② 期末商品棚卸高は¥180,000 であった。なお売上原価は「売上原価」勘定で計算する。

③ 売掛金残高に対し，2% の貸倒引当金を差額補充法により設定する。

④ 備品について残存価額：ゼロ，耐用年数：15 年の定額法により減価償却を行う。なお減価償却費の計上は月次決算によっている。

⑤ 家賃は 20X1 年 4 月 1 日に向こう 1 年分を受け取ったものである。

⑥ 借入金のうち¥120,000 については，20X1 年 10 月 1 日に借入期間 1 年間，年利 7.3%，利息は返済日に支払う契約で借り入れたものである。

⑦ 棚卸の結果，郵便切手¥20,000 と収入印紙¥6,000 が未使用であった。

⑧ 本年度の法人税，住民税および事業税として ¥184,000 を計上する。

決算整理後残高試算表
20X1 年 12 月 31 日

借　　方	勘 定 科 目	貸　　方
	現　　　　　　　　金	
	当　座　預　金	
	売　　掛　　金	
	繰　越　商　品	
	建　　　　　　物	
	買　　掛　　金	
	借　　入　　金	
	貸　倒　引　当　金	
	建 物 減 価 償 却 累 計 額	
	資　　本　　金	
	繰　越　利　益　剰　余　金	
	売　　　　　　上	
	受　取　家　賃	
	仕　　　　　　入	
	給　　　　　　料	
	支　払　利　息	
	租　税　公　課	
	通　信　費	
	減　価　償　却　費	
	（　　　　　　　　）	
	（　　　　　　　　）	
	貸 倒 引 当 金（　　　）	
	（　　　）家　　賃	
	（　　　）利　　息	
	貯　蔵　品	
	法人税, 住民税および事業税	
	（　　　　　　　　）	

問題 18－2 決算整理事項に基づいて，決算整理仕訳を示し，精算表を作成しなさい。

① 当座預金の貸方残高を当座借越へ振り替える。

② 売上債権残高に対し，3% の貸倒引当金を差額補充法により設定する。

③ 期末商品棚卸高は¥180,000 であった。なお売上原価は「仕入」勘定で計算する。

④ 以下の通り有形固定資産について減価償却を行う。

   • 建物　残存価額：取得原価の 10%　耐用年数：30 年

   • 備品　残存価額：ゼロ　耐用年数：10 年

⑤ 家賃は本年 8 月 1 日に向こう 1 年分を支払ったものである。

⑥ 貸付金は本年 10 月 1 日に貸付期間 1 年間，年利 2.4% の契約で貸し付けたものである。

⑦ 棚卸の結果，収入印紙¥2,000 が未使用であった。

⑧ 本年度の法人税，住民税および事業税として¥3,200 を計上する。

	借方科目	金　　額	貸方科目	金　　額
①				
②				
③				
④				
⑤				
⑥				
⑦				
⑧				

精 算 表

勘定科目	残高試算表 借方	残高試算表 貸方	修正記入 借方	修正記入 貸方	損益計算書 借方	損益計算書 貸方	貸借対照表 借方	貸借対照表 貸方
現　　　　金	1,250,000							
当 座 預 金		125,000						
普 通 預 金	880,000							
売 　掛 　金	1,980,000							
受 取 手 形	580,000							
繰 越 商 品	178,000							
建　　　　物	1,500,000							
備 　　　品	300,000							
貸 　付 　金	250,000							
買 　掛 　金		897,000						
支 払 手 形		340,000						
借 　入 　金		220,000						
貸 倒 引 当 金		28,000						
建物減価償却累計額		855,000						
備品減価償却累計額		120,000						
資 　本 　金		3,500,000						
繰越利益剰余金		128,000						
売 　　　　上		4,560,000						
受 取 手 数 料		360,000						
仕 　　　　入	2,900,000							
給 　　　　料	650,000							
旅 費 交 通 費	160,000							
支 払 家 賃	360,000							
租 税 公 課	145,000							
	11,133,000	11,133,000						
当 座 借 越								
貸倒引当金（ 　）								
減 価 償 却 費								
（ 　　） 家 賃								
（ 　　　　）								
（ 　　） 利 息								
貯 　蔵 　品								
法人税, 住民税および事業税								
未 払 法 人 税 等								
当 期 （ 　　）								

問題18－3 山口商事株式会社の（A）決算整理前残高試算表および（B）決算整理事項に基づいて次の問いに答えなさい。なお会計期間は 20X1 年 1 月 1 日～12 月 31 日までとする。

（1）決算整理仕訳を示しなさい。

（2）決算整理仕訳を解答欄の諸勘定に転記しなさい。

（3）決算振替仕訳を示しなさい。

（4）決算振替仕訳を解答欄の諸勘定に転記し，各勘定を締め切りなさい。

（5）決算整理後残高試算表を作成しなさい。

（6）損益計算書および貸借対照表を作成しなさい。

（A）残高試算表

決算整理前残高試算表
20X1 年 12 月 31 日

借　方	勘 定 科 目	貸　方
48,000	現　　　　　　　金	
32,000	当　座　預　金	
54,000	普　通　預　金	
40,000	売　　掛　　金	
7,000	仮　払　消　費　税	
2,500	仮　払　法　人　税　等	
1,400	繰　越　商　品	
2,000	備　　　　　品	
	買　　掛　　金	12,000
	仮　受　消　費　税	14,000
	借　　入　　金	17,000
	貸　倒　引　当　金	600
	備 品 減 価 償 却 累 計 額	1,800
	資　　本　　金	100,000
	繰　越　利　益　剰　余　金	17,300
	売　　　　　上	79,000
	受　取　手　数　料	6,000
20,000	仕　　　　　入	
19,000	給　　　　　料	
5,000	租　税　公　課	
12,000	保　　険　　料	
4,800	支　払　利　息	
247,700		247,700

(B) 決算整理事項

① 現金の手許有高が¥46,000であった。

② 期末商品棚卸高は¥1,000であった。なお売上原価は「仕入」勘定で計算する。

③ 売上債権残高に対し，3%の貸倒引当金を差額補充法により設定する。

④ 以下の通り有形固定について減価償却を行う。

　　　備品　残存価額：ゼロ　耐用年数：10年

⑤ 保険料は本年10月1日に向こう1年分を支払ったものである。

⑥ 支払利息は本年5月1日に貸付期間1年間，年利2.4%の契約で借り入れた際に支払ったものである。

⑦ 棚卸の結果，収入印紙¥400が未使用であった。

⑧ 消費税（税抜方式）について必要な処理を行う。

⑨ 本年度の法人税，住民税および事業税として¥6,300を計上する。

（1）決算整理仕訳

	借方科目	金　額	貸方科目	金　額
①				
②				
③				
④				
⑤				
⑥				
⑦				
⑧				
⑨				

（3）決算振替仕訳

	借方科目	金　　額	貸方科目	金　　額
収 益 の 振 替				
費 用 の 振 替				
純損益の振替				

（2）・（4）

現　　金

12/31 諸	口	48,000	12/31 雑	損	2,000

買掛金

		12/31 諸	口	12,000

当座預金

12/31 諸	口	32,000	

借入金

		12/31 諸	口	20,000

普通預金

12/31 諸	口	36,000	

仮受消費税

		12/31 諸	口	14,000

売掛金

12/31 諸	口	40,000	

貸倒引当金

		12/31 諸	口	600

繰越商品

12/31 諸	口	1,400	

備品減価償却累計額

		12/31 諸	口	2,000

備　　品

12/31 諸	口	20,000	

資本金

		12/31 諸	口	100,000

仮払消費税

12/31 諸	口	7,000	

繰越利益剰余金

		12/31 諸	口	9,780

仮払法人税等

12/31 諸	口	2,500	

受取手数料

		12/31 諸	口	6,000

売　　上

		12/31 諸	口	79,000

給　　料

12/31 諸	口	19,000	

仕　　入

12/31 諸　　口 20,000	

租税公課

12/31 諸　　口 5,000	

支払利息

12/31 諸　　口 480	

（　　）保険料

保険料

12/31 諸　　口 12,000	

未払消費税

減価償却費

貯蔵品

雑（　）

損　　益

法人税，住民税および事業税

貸倒引当金繰入

（　　）利息

未払法人税等

（5）

決算整理後残高試算表

20X1 年 12 月 31 日

借　方	勘 定 科 目	貸　方
	現　　　　　　金	
	当　座　預　金	
	普　通　預　金	
	売　　掛　　金	
	仮　払　消　費　税	
	仮　払　法　人　税　等	
	繰　越　商　品	
	備　　　　　品	
	買　　掛　　金	
	仮　受　消　費　税	
	借　　入　　金	
	貸　倒　引　当　金	
	備品減価償却累計額	
	資　　本　　金	
	繰　越　利　益　剰　余　金	
	売　　　　　上	
	受　取　手　数　料	
	仕　　　　　入	
	給　　　　　料	
	租　税　公　課	
	保　　険　　料	
	支　払　利　息	
	雑　（　　　　　）	
	貸　倒　引　当　金　繰　入	
	減　価　償　却　費	
	（　　　）保　険　料	
	（　　　）利　息	
	貯　　蔵　　品	
	未　払　消　費　税	
	法人税, 住民税および事業税	
	未　払　法　人　税　等	

（6）

損 益 計 算 書

（山口商事株式会社）　　　20X1 年 1 月 1 日から 12 月 31 日まで

費　　用	金　　額	収　　益	金　　額

貸 借 対 照 表

（山口商事株式会社）　　　20X1 年 12 月 31 日

資　　産	金　　額	負債および純資産	金　　額

194

索　引｜INDEX

《著者紹介》

中島真澄（なかしま・ますみ）
1994 年　南山大学大学院経営学研究科博士後期課程単位取得。
2010 年　博士（経営学，南山大学）。
現　在　文京学院大学経営学部・大学院経営学研究科専攻主任・教授。
　　　　明治大学経営学部・大学院経営学研究科非常勤講師。

主要著著・論文
『利益の質とコーポレート・ガバナンス』（単著，白桃書房，2011 年）
"Earnings Management and Earnings Quality"（単著，白桃書房，2015 年）
"Survey Research on Earnings Quality: Evidence from Japan,"（単著，*Research on Professional Responsibility and Ethics in Accounting*, Emerald Publishing, 2019 年）
"Can the Fraud Triangle Explain Fraudulent Financial Statements? Evidence from Japan,"（単著，*Journal of Forensic and Investigative Accounting*, 2019 年）
『フォレンジック会計―会計と法律の協働』（共編著，白桃書房，2023 年）（刊行予定）

髙橋円香（たかはし・まどか）
2011 年　明治大学大学院商学研究科博士後期課程修了。
2012 年　明治大学商学部助教。
現　在　文京学院大学経営学部准教授。

主要著書・論文
『現代日本の多国籍企業』（共著，新日本出版，2012 年）
『内部留保の研究』（共著，唯学書房，2015 年）
「資産証券化における会計制度の位置づけに関する考察」（『経営論集』，2015 年）
「債権証券化における会計制度の位置づけに関する考察」（『会計理論学会年報』，2016 年）
「証券化に係る開示制度改革についての整理」（『経営論集』，2016 年）

柴野宏行（しばの・ひろゆき）
税理士（1995 年税理士登録）。
文京学院大学経営学部外国語学部非常勤講師。
学校法人専門学校東京スクールオブビジネス非常勤講師。

（検印省略）

2023 年 4 月 30 日　初版発行　　　　　　略称－企業簿記

企 業 簿 記 論

著　者　中島真澄・髙橋円香・柴野宏行
発行者　塚 田 尚 寛

発行所　東京都文京区　　**株式会社 創 成 社**
　　　　春日 2-13-1

電　話　03（3868）3867　　ＦＡＸ　03（5802）6802
出版部　03（3868）3857　　ＦＡＸ　03（5802）6801
http://www.books-sosei.com　　振　替　00150-9-191261

定価はカバーに表示してあります。

©2023 Masumi Nakashima,　　組版：緑 舎
　　　Madoka Takahashi,　　　印刷：エーヴィスシステムズ
　　　Hiroyuki Shibano　　　　製本：エーヴィスシステムズ
ISBN978-4-7944-1583-7 C3034　　落丁・乱丁本はお取り替えいたします。
Printed in Japan

書名	著者	区分	本体価格
企 業 簿 記 論	中 島 真 澄 髙 橋 円 香 柴 野 宏 行	著	2,300 円
基礎から学ぶアカウンティング入門	古 賀 智 敏 遠 藤 秀 紀 片 桐 俊 男 田 代 景 子 松 脇 昌 美	著	2,600 円
会 計・ファイナンスの基礎・基本	島 本 克 彦 片 上 孝 洋 粂 井 淳 子 引 地 夏 奈 子 藤 原 大 花	著	2,500 円
学 部 生 の た め の 企 業 分 析 テ キ ス ト ―業界・経営・財務分析の基本―	髙 橋 聡 福 川 裕 徳 三 浦 敬	編著	3,200 円
日 本 簿 記 学 説 の 歴 史 探 訪	上 野 清 貴	編著	3,000 円
全 国 経 理 教 育 協 会 公式 簿記会計仕訳ハンドブック	上 野 清 貴 吉 田 智 也	編著	1,200 円
人 生 を 豊 か に す る 簿 記 ―続・簿記のススメ―	上 野 清 貴	監修	1,600 円
簿 記 の ス ス メ ―人生を豊かにする知識―	上 野 清 貴	監修	1,600 円
現代の連結会計制度における諸課題と探求 ―連結範囲規制のあり方を考える―	橋 上 徹	著	2,650 円
非 営 利・政 府 会 計 テ キ ス ト	宮 本 幸 平	著	2,000 円
ゼ ミ ナ ー ル 監 査 論	山 本 貴 啓	著	3,200 円
I F R S 教 育 の 実 践 研 究	柴 健 次	編著	2,900 円
I F R S 教 育 の 基 礎 研 究	柴 健 次	編著	3,500 円
投 資 不 動 産 会 計 と 公 正 価 値 評 価	山 本 卓	著	2,500 円
新・入 門 商 業 簿 記	片 山 覚	監修	2,350 円
新・中 級 商 業 簿 記	片 山 覚	監修	1,850 円
管 理 会 計 っ て 何 だ ろ う ―町のパン屋さんからトヨタまで―	香 取 徹	著	1,900 円
税 務 会 計 論	柳 裕 治	編著	2,550 円
は じ め て 学 ぶ 国 際 会 計 論	行 待 三 輪	著	2,400 円
監 査 の 原 理 と 原 則	デヴィッド・フリント 井 上 善 弘	著 訳	1,900 円

(本体価格)

創 成 社